Week-ends DÉCOUVERTE

FRANCE

Comment utiliser

Week-ends DÉCOUVERTE

« *64* » : Le numéro et le titre du circuit que vous retrouvez sur la carte, ainsi que le nombre de kilomètres et la durée prévisible pour préparer votre voyage.

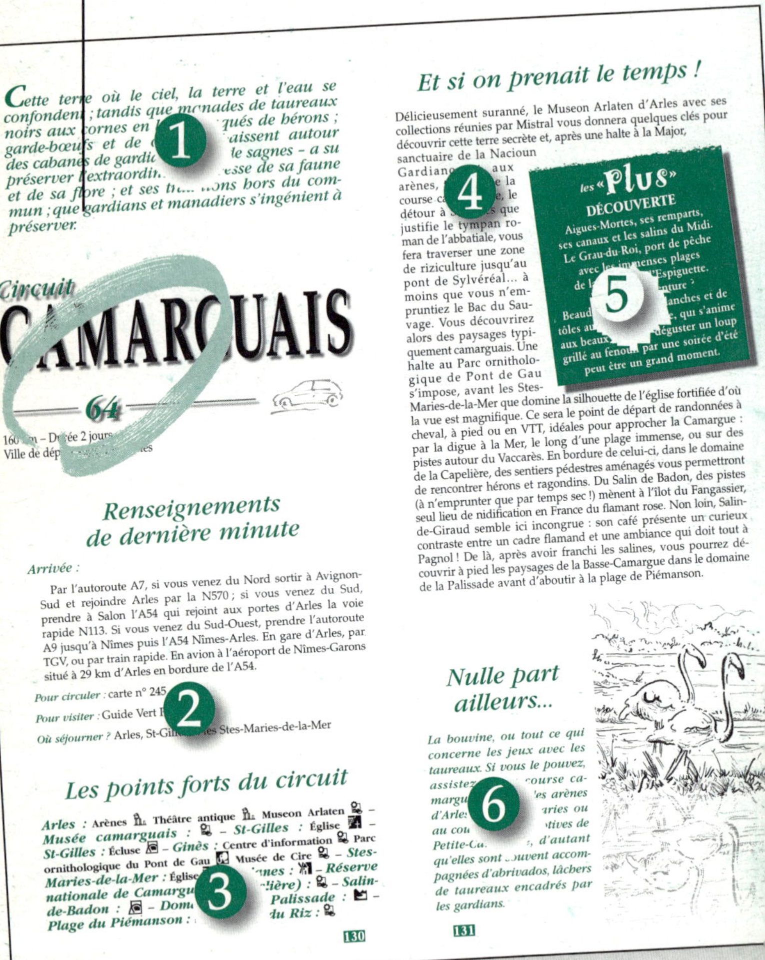

Cette terre où le ciel, la terre et l'eau se confondent ; tandis que manades de taureaux noirs aux cornes en ... qués de hérons ; garde-bœufs et de ... aissent autour des cabanes de gardie ... le sagnes – a su préserver l'extraordin... esse de sa faune et de sa flore ; et ses tr... ons hors du commun ; que gardians et manadiers s'ingénient à préserver.

Circuit
CAMARGUAIS
64
160 km – Durée 2 jours
Ville de dép...

Renseignements de dernière minute

Arrivée :

Par l'autoroute A7, si vous venez du Nord sortir à Avignon-Sud et rejoindre Arles par la N570 ; si vous venez du Sud, prendre à Salon l'A54 qui rejoint aux portes d'Arles la voie rapide N113. Si vous venez du Sud-Ouest, prendre l'autoroute A9 jusqu'à Nîmes puis l'A54 Nîmes-Arles. En gare d'Arles, par TGV, ou par train rapide. En avion à l'aéroport de Nîmes-Garons situé à 29 km d'Arles en bordure de l'A54.

Pour circuler : carte n° 245
Pour visiter : Guide Vert ...
Où séjourner ? Arles, St-Gilles ... Stes-Maries-de-la-Mer

Les points forts du circuit

Arles : Arènes Théâtre antique Museon Arlaten – ***Musée camarguais :*** – ***St-Gilles :*** Église – ***St-Gilles :*** Écluse – ***Ginès :*** Centre d'information Parc ornithologique du Pont de Gau Musée de Cire – ***Stes-Maries-de-la-Mer :*** Église ... ***...nes :*** – ***Réserve nationale de Camargu...*** ***...lière) :*** – ***Salin-de-Badon :*** – ***Dom...*** ***Palissade :*** – ***Plage du Piémanson :*** ... ***...du Riz :***

130

Et si on prenait le temps !

Délicieusement suranné, le Museon Arlaten d'Arles avec ses collections réunies par Mistral vous donnera quelques clés pour découvrir cette terre secrète et, après une halte à la Major, sanctuaire de la Nacioun Gardiano ... aux arènes, ... la course ca...e, le détour à S... que justifie le tympan roman de l'abbatiale, vous fera traverser une zone de riziculture jusqu'au pont de Sylvéréal... à moins que vous n'empruntiez le Bac du Sauvage. Vous découvrirez alors des paysages typiquement camarguais. Une halte au Parc ornithologique de Pont de Gau s'impose, avant les Stes-Maries-de-la-Mer que domine la silhouette de l'église fortifiée d'où la vue est magnifique. Ce sera le point de départ de randonnées à cheval, à pied ou en VTT, idéales pour approcher la Camargue : par la digue à la Mer, le long d'une plage immense, ou sur des pistes autour du Vaccarès. En bordure de celui-ci, dans le domaine de la Capelière, des sentiers pédestres aménagés vous permettront de rencontrer hérons et ragondins. Du Salin de Badon, des pistes (à n'emprunter que par temps sec !) mènent à l'îlot du Fangassier, seul lieu de nidification en France du flamant rose. Non loin, Salin-de-Giraud semble ici incongrue : son café présente un curieux contraste entre un cadre flamand et une ambiance qui doit tout à Pagnol ! De là, après avoir franchi les salines, vous pourrez découvrir à pied les paysages de la Basse-Camargue dans le domaine de la Palissade avant d'aboutir à la plage de Piémanson.

les «Plus» DÉCOUVERTE
Aigues-Mortes, ses remparts, ses canaux et les salins du Midi. Le Grau-du-Roi, port de pêche avec les immenses plages de l... l'Espiguette. ... Beaud... anches et de tôles au... qui s'anime aux beaux... déguster un loup grillé au fenouil par une soirée d'été peut être un grand moment.

Nulle part ailleurs...

La bouvine, ou tout ce qui concerne les jeux avec les taureaux. Si vous le pouvez, assistez ... course camargu... les arènes d'Arles ... aries ou au cou... tives de Petite-Ca... d'autant qu'elles sont ...ouvent accompagnées d'abrivados, lâchers de taureaux encadrés par les gardians.

131

Et si on prenait le temps !

On pourra alors musarder sur les routes, de part et d'autre de l'itinéraire : découvrir, par exemple, dans le maquis, les villages de la Cinarca, entre Ajaccio et Sagone ; au Nord de Porto, pousser jusqu'au col de la Croix et à Girolata ; découvrir à pied, dans la forêt d'Aitone, les cascades, les cols de Salto ou de Corcavera ou le sentier de la Sitelle ; s'enfoncer, à partir de Corte dans le Bozio (on sera particulièrement attentif sur les routes fort étroites qui traversent ces monts particulièrement sauvages !) et y découvrir les fresques de la chapelle San Nicolao, Alando, patrie du légendaire Sambuccio, le panorama d'Erbajolo ou le hameau de Focíccia ; après Vivario, explorer la forêt de Rospa Sorba, avec l'Occhio-Vario et Vezzani qui vécut longtemps de la pomme de pin ; au Sud du col de Bavella, profiter du massif boisé de l'Ospédale pour découvrir à pied forêts, cascades et chaos par des sentiers sans difficultés ; au Nord de Porto-Vecchio, découvrir les cormorans huppés du site de Fautea ; ou encore, en retrouvant le golfe d'Ajaccio, s'enfoncer à main droite dans les gorges du Prunelli par la D27 jusqu'à Bastelica, patrie de Sampiero Corso, ou par la route supérieure. Et si vous préférez la mer ? Vous pourrez naviguer depuis Bonifacio jusqu'à l'île Lavezzi avec ses étranges taffoni (n'oubliez pas le pique-nique !) ou, tout simplement vous baigner ; du golfe de Fiagari à celui de Porto en passant par Porto-Pollo, la Liscia et Cargèse, vous n'aurez que l'embarras du choix !

les « Plus »

DÉCOUVERTE

Il y a beaucoup à voir et à faire sur le circuit : mais pourquoi ne pas aller en plus à la découverte du Nord de l'île ? La réserve de Scandola, la riante Balagne, la citadelle de Calvi posée sur l'eau et, non loin, Notre-Dame-de-la-Serra d'où la vue sur la baie est admirable, une promenade en mer (depuis Calvi) vers le spectaculaire massif volcanique de la presqu'île de Scandola vous laisseront d'inoubliables souvenirs.

Nulle part ailleurs...

La gastronomie corse traditionnelle : charcuteries (lonzu, coppa, prisuttu, figatelli), viandes (piverunata, ragoût de cabri aux poivrons), poissons (aziminu, variante locale de la bouillabaisse), stufatu et pulenta, fromages de brebis, tel le brocciu, arrosés d'un patrimonio rouge ou blanc pour un repas corse inoubliable !

Notes

Notes

Manufacture française des pneumatiques Michelin

Société en commandite par actions au capital de 2 000 000 000 de francs
Place des Carmes-Déchaux – 63 Clermont-Ferrand (France)
R.C.S. Clermont-Fd B 855 200 507

Dépôt légal avril 1999 – ISBN 2-06-000921-9 – ISSN 0293-9436

Printed in the EU 03-99/1

Dessins : Bernard DUMAS
Photos couverture : CAMPAGNE CAMPAGNE, PIX, ICONOS

Introduction

1 **Approche générale du circuit et de son thème.**

Renseignements de dernière minute

2 **Informations pratiques sur l'accès au circuit, les villes étapes recommandées par les inspecteurs Michelin, les cartes et guides à utiliser pour en savoir plus.**

Les points forts du circuit

3 **Liste des principales curiosités jalonnant le circuit, toutes mentionnées sur la carte, repérées par un pictogramme symbolisant leur nature.**

Et si on prenait le temps

4 **Texte descriptif du rédacteur, parcourant le circuit, qui mentionnent à la fois les points forts, curiosités incontournables et suggère également les « Plus » Découverte, conseils d'expert.**

Les « Plus » découverte

5 **Curiosités moins connues, « sortant des sentiers battus », non repérées par un pictogramme sur la carte, mais citées et conseillées par le rédacteur.**

Nulle part ailleurs

6 **La rubrique la plus recherchée, celle qui donne au circuit sa particularité : une spécialité régionale, culinaire ou folklorique, un événement, une manifestation, un type d'artisanat... plus ou moins connu et que l'on ne retrouvera nulle part ailleurs.**

Symboles de puissance et de liberté, les beffrois rythment grâce à leurs carillons la vie en musique, tandis que les nombreuses places fortes ; remaniées ou édifiées par Vauban ; attestent que cette région frontalière fut maintes fois exposée aux invasions au cours des siècles.

Beffrois et villes fortifiées du NORD

1

375 km – Durée 4 jours
Ville de départ suggérée : Lille.

Renseignements de dernière minute

Arrivée :

Vous rejoindrez Lille en voiture par l'autoroute du Nord E15-E19 depuis Paris ; à moins que vous ne préfériez rejoindre le circuit plus au Sud à Cambrai ou à Arras.

Mais pourquoi ne pas profiter des nombreux TGV qui relient la capitale des Flandres à de nombreuses villes françaises et louer, sur place, une voiture ?

Pour circuler : carte n° 236

Pour visiter : Guide Vert Flandres-Artois-Picardie

Où séjourner ? St-Omer, Arras, Cambrai, Lille

Les points forts du circuit

Lille : **Musée des Beaux-Arts Le Vieux Lille Vieille Bourse Citadelle** – ***Bailleul :*** **Beffroi** – ***Cassel :*** – ***Bergues :*** **Fortifications Beffroi Mont-de-Piété** – ***Gravelines :*** **Remparts** – ***St-Omer :*** **Cathédrale Notre-Dame Marais audomarois** – ***Béthune :*** **Grand'Place et Beffroi** – ***Arras :*** **Grand'Place Places des Héros, Beffroi** – ***Douai :*** **Beffroi Musée de la Chartreuse** – ***Centre historique minier de Lewarde :*** – ***Cambrai :*** **Hôtel de ville** – ***Le Quesnoy :*** **Fortifications**

Et si on prenait le temps !

Les ruelles de ces vieilles villes, parfois fortifiées et entourées de douves comme Bailleul, avec leurs maisons de briques aux façades à pignons, les ritournelles égrenées par les carillons, les grand'places dominées par la fière silhouette des beffrois incitent à la flânerie dans cette région attachante et chaleureuse, qui saura vous dépayser. C'est qu'ici, les prétextes pour différer l'heure du retour ne manquent pas ! Férus d'architecture militaire ? Partez donc à la découverte du Pré Carré de Vauban, d'Avesnes et Maubeuge à Bergues et Gravelines. Amateurs d'art ? Entre le fabuleux musée des Beaux-Arts de Lille, celui d'Art moderne de Villeneuve-d'Ascq, le jardin des Sculptures de Dunkerque, vous n'aurez que l'embarras du choix. Vous souhaitez mieux connaître ce qui fit la richesse de la région ? Moulins et musée du terroir à Villeneuve, Musée portuaire à Dunkerque, école dentellière de Bailleul, Écomusée de Fourmies-Trélon, au Sud-Est du Quesnoy, avec ses différents sites, vous permettront d'en découvrir les divers aspects, sans oublier le centre minier de Lewarde.

les « **Plus** »

DÉCOUVERTE

Embarquer à St-Omer sur un bateau, une bacôve ou une barque qu'on aura louée afin de découvrir le Marais audomarois, ses watergangs chemins d'eau), les cultures maraîchères et observer les oiseaux migrateurs (dont de nombreux hérons) qui viennent s'y réfugier.

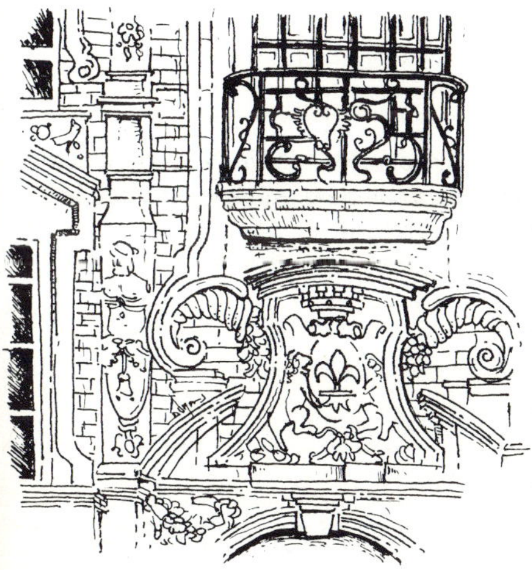

Sportifs ? Pourquoi ne pas enfourcher votre vélo et emprunter quelques unes des sections pavées de l'Enfer du Nord qui terrorisent les forçats de la route ? Quant aux fins gourmets, entre waterzoï, carbonade et anguille au vert, ils auront tout loisir de découvrir dans un estaminet les généreuses spécialités flamandes, arrosées de bière !

Nulle part ailleurs...

... une activité industrielle n'aura laissé une telle empreinte, aussi bien sur le paysage que dans les mentalités que l'extraction de la houille. De terrils en corons, vous pourrez découvrir le monde des gueules noires grâce aux musées d'Anzin, Bruay-la-Bussière, Harnes ou Nœux-les-Mines.

En créant en 1911 le nom de Côte d'Opale, le peintre touquettois Edouard Lévêque voulait faire référence aux couleurs irisées de la pierre d'opale; lorsqu'il peignait plages, dunes et falaises. Mais ce circuit vous fera découvrir également un large ruban d'arrière-pays, vallonné et verdoyant.

LA CÔTE D'OPALE

et son arrière-pays

2

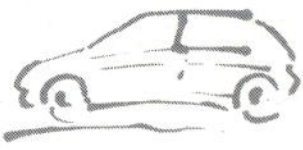

390 km – Durée 2 jours
Ville de départ suggérée : Boulogne-sur-Mer

Renseignements de dernière minute

Arrivée :

Boulogne-sur-Mer n'est qu'à 259 km de Paris via Amiens par l'autoroute A16 (mais, bien entendu, arrivant du Sud, vous pourrez commencer le circuit à Abbeville). Venant de l'Est, l'A26, à partir d'Arras, vous conduira directement à Calais, qui sera votre point de départ.

À moins que vous ne veniez de très loin... Vous prendrez alors l'avion ou le TGV jusqu'à Lille, qui n'est guère qu'à 116 km, et, après avoir loué un véhicule, vous pourrez rejoindre l'itinéraire à Calais, via Dunkerque.

Pour circuler : carte n° 236

Pour visiter : Guide Vert Flandres-Artois-Picardie

Où séjourner ? Abbeville, Calais, Le Touquet

Les points forts du circuit

Boulogne-sur-Mer : **Nausicaa** – **La ville haute** – ***Hardelot-Plage :*** – ***Le Touquet :*** **Rue Chapelle-du-Saint-Esprit** – ***Domaine du Marquenterre :*** – ***Le Crotoy :*** **Train touristique de la baie de Somme** – ***St-Valéry-sur-Somme :*** – ***Cayeux-sur-Mer :*** – ***Abbeville :*** **Château de Bagatelle** – ***Crécy-en-Ponthieu :*** **Moulin Édouard III** – ***Montreuil :*** **Citadelle** **Remparts** – ***Desvres :*** **Maison de la faïence** – ***Blockaus d'Éperlecques :*** – ***Calais :*** **Monument des Bourgeois de Calais** **Musée des Beaux-Arts et de la dentelle** – ***Terminal du Tunnel sous la Manche :*** – ***Cap Blanc-Nez :*** – ***Cap Gris-Nez :***

Et si on prenait le temps !

Après une flânerie dans les ruelles de la ville haute de Boulogne et la visite de Nausicaa, pourquoi ne pas prendre les chemins de traverse et s'enfoncer dans le Parc régional du Boulonnais ? Outre ses paysages, le portail roman de l'église du Wast, un centre d'information dans le manoir du Huisbois (des sentiers permettent de découvrir le bocage), l'église flamboyante de Rety ou la maison du marbre d'Hydrequent, retiendront votre attention... Hardelot-Plage offrira ses dunes, sa forêt et ses sentiers aux randonneurs et, aux amateurs d'insolite, un pastiche du château de Windsor ! Plus au Sud, découvrez la baie de Somme à partir du Crotoy dans le petit train à vapeur. Mais ne vous aventurez pas sans guide dans la baie ! La fort giboyeuse forêt de Crécy sera un bon prétexte de se dégourdir les jambes parmi de belles futaies : on la parcourt à pied, à vélo ou à cheval. Après une pensée à Montreuil pour Jean Valjean (Hugo en fit le maire de la ville), la vallée de la Course vous conduira aux faïences de Desvres (un musée, une usine, un atelier) avant que vous ne retrouviez la mer à Calais. Et pourquoi ne pas aller à pied de Blanc-Nez à Gris-Nez ? Le musée du Transmanche, qui retrace cette aventure de près de 250 ans, prouve qu'il faut savoir prendre son temps !

les «**Plus**»

DÉCOUVERTE

La criée de Boulogne-sur-Mer attirera les curieux le mercredi matin dans un bâtiment contre le bassin Loubet. Elle rappellera que Boulogne est le premier port de pêche fraîche d'Europe occidentale. Mais seuls les lève-tôt pourront en profiter : elle commence à 5 heures et ne dure guère plus d'une heure !

Nulle part ailleurs...

Sauf peut-être en Camargue autant d'oiseaux migrateurs ne se retrouvent que dans le parc du Marquenterre : on en a dénombrés 315 espèces avec lesquelles vous pourrez vous familiariser en visitant le précieux musée de l'Oiseau, où vous pourrez découvrir des diaporamas les présentant dans leur milieu naturel.

Ville du gothique normand et ville-musée, Rouen propose à l'amateur d'art de belles découvertes. Au gré de la course paresseuse du « boulevard de Paris à la mer », la route musarde d'abbaye en abbaye et côtoie des pléiades de belles églises. Les falaises des bords de Manche, qu'échancrent les valleuses, offrent des panoramas peut-être uniques au monde.

LA HAUTE NORMANDIE

un éclatant passé religieux et maritime

3

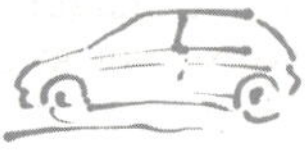

264 km – Durée 3 jours – Ville de départ suggérée : Rouen

Renseignements de dernière minute

Arrivée :

Par l'autoroute de Normandie, Rouen n'est qu'à 131 km de Paris. Elle est reliée au Nord par l'autoroute A28-E402 (Lille est à 228 km), à l'Ouest par l'autoroute A13 jusqu'au Mont-St-Michel. Au Sud, par la N154 (Evreux et Chartres) et la N138 (Alençon, Le Mans).

En train, Rouen n'est qu'à une petite heure de Paris-Saint-Lazare.

Pour circuler : carte n° 52

Pour visiter : Guide Vert Normandie-Vallée de la Seine

Où séjourner ? Caudebec-en-Caux, Fécamp, Dieppe

Les points forts du circuit

Rouen : **Cathédrale Notre-Dame Vieux Rouen Musée des Beaux-Arts Église St-Maclou Aître St-Maclou Église St-Ouen** – ***Jumièges :*** **Abbaye** – ***St-Wandrille :*** **Abbaye** – ***Caudebec-en-Caux :*** **Église Notre-Dame Bords de Seine** – ***Étretat :*** **Les falaises** – ***Fécamp :*** **Palais Bénédictine Musée des Terre-Neuvas et de la Pêche** – ***St-Valéry-en-Caux :*** **Falaises et port** – ***Varengeville-sur-Mer :*** – ***Dieppe :*** **Port Musée Cité de la Mer** – ***Arques-la-Bataille :*** **Château** – ***Forêt d'Eawy :***

Et si on prenait le temps !

Difficile de faire autrement, en effet, si l'on songe que la découverte des trésors de Rouen suffit à occuper deux bonnes journées des trois que l'on consacrera à ce week-end. Que faire alors ? Se laisser entraîner par l'inspiration ? Pourquoi pas ? Et penser que cette ville, si elle nous a pris Jeanne d'Arc, nous a donné Corneille et Flaubert et visiter leurs maisons natales. Ou bien, à Villequier, pleurer avec Hugo sur la mort de Léopoldine et se demander ce qu'elle allait faire sur cette satanée barque ! Franchir la Seine et, dans le Marais Vernier, caresser le frontal d'une vache écossaise qui, avec son long pelage roux a des faux airs de mammouth (ou si l'on est impressionné par ses cornes, l'encolure d'un cheval Camargue). Rêver à Étretat devant l'aiguille que Leblanc imagina creuse pour Arsène : et si elle l'était ? Rendre hommage à Fécamp à l'inventeur de la bénédictine, y admirer l'odyssée des Terre-Neuvas, plaindre ou s'accorder une régression devant l'étonnante collection de biberons de l'Antiquité à nos jours réunie par Léon Dufour. Et enfin à Dieppe, après avoir marché sur les traces du corsaire Jean Ango, se rappeler des élégantes qui y prenaient les bains de mer au bras de séducteurs tels que Dumas ou Wilde et plaindre au musée les éléphants (tout en admirant la délicatesse du travail de l'ivoire). Et terminer sur une note pimpante avec les voitures de pompier du musée de Montville... On n'aura pas vu l'essentiel ? Qu'importe, puisqu'on reviendra, c'est promis !

les « Plus »

DÉCOUVERTE

La forêt de Lyons, aux portes de Rouen. C'est, a-t-on dit, un chef-d'œuvre de la nature. Vous pourrez y voir un hêtre bicentenaire de plus de 40 m de hauteur et le village de Lyons-la-Forêt, qui inspira Ravel, possède de belles halles et peut être le cadre d'une étape de charme...

Nulle part ailleurs...

Vous ne verrez autant de maisons à colombages que dans la vieille ville de Rouen. Faites d'une ossature de poteaux, poutres et sablières de chêne, de « colombes » transversales remplies par du plâtre, souvent en encorbellement des rues, ces maisons étaient conçues pour pouvoir se démonter et être installées ailleurs !

Région mal connue, située entre le Nord et l'Ile-de-France, la Picardie s'honore pourtant de posséder un riche ensemble de cathédrales, merveilles de l'art gothique, rivalisant entre elles par l'audace de l'élévation et la beauté du décor sculpté.

Cathédrales de PICARDIE

4

346 km – Durée 3 jours
Ville de départ suggérée : Amiens

Renseignements de dernière minute

Arrivée :

Amiens est à 138 km de Paris par l'autoroute A16. Suivant votre point de départ, il peut-être plus intéressant de commencer le circuit par Senlis et la forêt de Compiègne (surtout si vous venez de la région parisienne) ou par Laon.

Pour circuler : cartes n°s 236 et 237

Pour visiter : Guide Vert Flandres-Artois-Picardie

Où séjourner ? Chantilly, Compiègne, Laon

Les points forts du circuit

Amiens : **Cathédrale Notre-Dame Musée de Picardie Hortillonnages** – ***Beauvais :*** **Cathédrale St-Pierre Musée départemental de l'Oise** – ***Chantilly :*** **Château Musée Parc Musée vivant du Cheval et du Poney** – ***Senlis :*** **Cathédrale Notre-Dame** – ***Compiègne :*** **Palais Clairière de l'Armistice** – ***Pierrefonds :*** **Château** – ***Soissons :*** **Cathédrale St-Gervais-et-St-Protais Ancienne abbaye de St-Jean-des-Vignes** – ***Laon :*** **Cathédrale Notre-Dame** – ***Noyon :*** **Cathédrale Notre-Dame**

Et si on prenait le temps !

Il est vrai que les occasions de flâneries sont nombreuses ici, aussi, tout en comparant les merveilleuses cathédrales qui jalonnent le circuit, il faudra savoir prendre le temps de s'attarder : ainsi, pourquoi ne pas rendre un hommage à Jules Verne en visitant le centre de documentation installé dans la demeure où vécut l'auteur des *Voyages extraordinaires* ? Autour de Beauvais, la vie et les techniques rurales sont présentées dans les différentes antennes de l'écomusée des pays de l'Oise (forge, brosserie et agriculture). Vous vous intéressez à l'équitation ? Le musée vivant du Poney et du Cheval de Chantilly fait le tour de la question et la visite se termine par une démonstration de dressage qu'il ne faut pas manquer. Envie de marcher et de profiter d'une belle journée de printemps ? La forêt de Chantilly, autour des étangs de Commelles, le magnifique parc (pourquoi pas une ascension dans l'aérophile, le plus grand aérostat du monde, qui vous permettra de découvrir à 150 m de hauteur un panorama inoubliable ?) et la majestueuse forêt de Compiègne parcourue de sentiers vous en donneront l'occasion ; d'autant que dans cette dernière les points d'intérêt ne manquent pas : paysages romantiques de l'étang de Ste-Périne ; ancienne villégiature de Vieux-Moulins ; village monastique de St-Jean-aux-Bois ; magnifiques futaies de chênes ou de hêtres au carrefour d'Eugénie ; sans oublier la clairière de l'Armistice, lieu toujours émouvant. Pourquoi pas une petite église romane pour nous reposer des immenses cathédrales ? Ce pourrait être celle de Cormelles, aux portes de Soissons. Une flânerie dans une ville médiévale en découvrant de belles vues sur la campagne ? En empruntant le Poma, la cité et le bourg de Laon sauront sans nul doute vous charmer.

les « Plus »

DÉCOUVERTE

On ne manquera pas, en belle saison, une visite en barque des hortillonnages d'Amiens, ces étonnants jardins flottants aménagés dans un véritable dédale de canaux qu'alimentent les bras de la Somme, à moins qu'on ne préfère les découvrir à pied en empruntant le chemin de halage qui permettra, en outre, de gagner le quartier médiéval de Saint-Leu en traversant le parc Saint-Pierre.

Nulle part ailleurs...

Les marionnettes à tringle et à fil dont Amiens est la capitale. Ces « cabotans », dont le personnage emblématique est Lafleur, le roi du quartier de St-Leu, ont connu une immense popularité au 19e s. où il existait plus de 20 théâtres qui leur étaient consacrés à Amiens ! La tradition est aujourd'hui maintenue par une compagnie, installée dans une ancienne usine du quartier médiéval ; tandis qu'un atelier permet de découvrir la fabrication des figurines.

Hors des grands axes de circulation, la Normandie du Cotentin est l'heureux mariage d'une mer active et d'une terre féconde. L'histoire omniprésente ne manque pas de paradoxe : si les Normands firent la conquête de l'Angleterre, neuf siècles plus tard, la Normandie fut libérée... par les Anglais.

Bocage vert et BESSIN BLANC

5

277 km – Durée 2 jours
Ville de départ suggérée : Caen

Renseignements de dernière minute

Arrivée :

Caen est à 234 km de Paris par l'autoroute A13. Du Nord, il faudra rejoindre Rouen qui n'est qu'à 117 km. Venant de Bretagne et des côtes de l'Atlantique, vous pourrez rejoindre le circuit à Granville.

Autre possibilité : emprunter le TGV Atlantique jusqu'à Caen et y louer une voiture !

Pour circuler : carte n° 231

Pour visiter : Guide Vert Normandie-Cotentin

Où séjourner ? Bayeux, Granville, Caen

Les points forts du circuit

Caen : **Les Abbayes Mémorial pour la Paix Plages du Débarquement** – ***Bayeux :*** **Tapisserie de la Reine Mathilde Cathédrale Notre-Dame** – ***Balleroy :*** **Château** – ***St-Lô :*** **Haras** – ***Coutances :*** **Cathédrale** – ***Granville :*** **Tour des Remparts Vue** – ***Villedieu-les-Poêles :*** **Fonderie de cloches Atelier du cuivre Musée du Meuble normand**

Et si on prenait le temps !

On s'empresserait de prendre le chemin des écoliers et, déjà, aux portes de Caen, découvrir églises romanes et abbayes gothiques dans la campagne normande à Ardenne, Rots, Mondaye ou Cerisy-la-Forêt.

Toujours un peu cancre, on s'attarderait au musée des Ballons de Balleroy. À St-Lô où l'on rendrait visite aux cobs et autres trotteurs, après une plongée dans le Souterroscope des Ardoisières, on irait se dégourdir les jambes et prendre un grand bol d'air pur en escaladant le Mont-Robin : nous apercevrions les flèches de Coutance et, si la chance nous accompagne, la mer et Jersey au loin, avant d'aller rendre une visite de courtoisie aux kangourous et watussi du parc de Champrepus. Non loin, la superbe abbaye de Hambye nous emplirait d'une sérénité que celle de la Lucerne, avec son parc, ne ferait que renforcer. Voilà sans doute bien des détours : mais nous ne sommes pas au bout de nos peines : à Mortain, un sentier nous conduira aux cascades, un coin de Pyrénées en pleine Normandie... qui nous introduira dans la vallée de la Sée (où l'écomusée permettra de découvrir les activités liées à la rivière) où le village enchanté de Bellefontaine ravira l'enfant qui sommeille en nous. Plus loin, on atteindra Vire : les amateurs d'andouille ne seront pas les seuls à apprécier... et tous apprécieront le sentier de 7 km qui, autour du plan d'eau de la Dathée, saura remettre en forme ceux qui auraient abusé de la riche cuisine normande !

les « Plus »

DÉCOUVERTE

Dans la vallée de la Sée, une petite halte à la maison de la pomme et de la poire de Barenton semble indispensable : cidre, poiré, pommeau et calvados y sont illustrés par des documents, du matériel et un verger... Et les profanes pourront compléter cette initiation par une dégustation qui ne pourra que les mettre de bonne humeur avant de prendre le chemin du retour !

Nulle part ailleurs...

La tapisserie de la reine Mathilde, à Bayeux, œuvre exceptionnelle et témoignage irremplaçable sur la vie au Moyen Âge : une bande dessinée de 70 m de long narrant l'épopée de Guillaume le Conquérant en 58 épisodes, présentée qui plus est de façon exceptionnelle : unique, inoubliable et à ne manquer sous aucun prétexte !

Le calme et la sérénité de la campagne « herbagère, éclatante et mouillée » rivalisent avec le charme du parcours côtier qui traverse tantôt des plages familiales au sable fin, tantôt des stations balnéaires à l'élégance raffinée.

Colombages de la côte fleurie et du PAYS D'AUGE

6

204 km – Durée 2 jours
Ville de départ suggérée : Lisieux

Renseignements de dernière minute

Arrivée :

Lisieux est situé à 55 km de Caen et 82 km de Rouen où vous descendrez si vous choisissez la solution train plus voiture.

Si vous venez par l'autoroute A13, pourquoi ne pas sortir à Pont-l'Évêque et en profiter pour faire ample provision de fromage ?

Pour circuler : carte n° 55

Pour visiter : Guide Vert Normandie-Vallée de la Seine

Où séjourner ? Cabourg, Honfleur, Lisieux, Beuzeville

Les points forts du circuit

Lisieux : **Cathédrale St-Pierre Pèlerinage et souvenir de Sainte-Thérèse** – ***St-Germain-de-Livet :*** **Château** – ***Manoir de Coupesarte :*** – ***Crèvecœur-en-Auge :*** **Château** – ***Beuvron-en-Auge :*** – ***Cabourg :*** – ***Houlgate :*** – ***Deauville :*** – ***Côte de Grâce :*** – ***Honfleur :*** **Vieux Honfleur Vieux bassin et quartier Ste-Catherine Musée Eugène-Boudin** – ***Pont de Normandie :*** – ***Pont-Audemer :*** **Vieilles maisons à colombages** – ***Le Bec-Hellouin :*** **Abbaye** – ***Château du Champ de Bataille :***

Et si on prenait le temps !

Ce sera, l'occasion de pousser dans la vallée de la Vie, dans un agréable paysage vallonné couvert de pommiers, jusqu'à Vimoutiers et Camembert, où vous pourrez visiter quelques fermes fabriquant encore le fromage à l'ancienne (et y faire vos emplettes !). Une agréable promenade printanière ? Le prieuré de St-Michel-de-Crouttes vous y invite avec son adorable jardin des simples et sa roseraie ; peut-être aurez-vous la chance supplémentaire de visiter une exposition de sculptures contemporaines dans ce prieuré à l'architecture empreinte d'une rusticité qui ne fait qu'ajouter à son charme ? Plus au Nord, après Crèvecœur, pourquoi ne pas faire le détour par l'abbaye du Val Richet, le château de Roque-Baignard et découvrir à pied, depuis le chemin conduisant à la chapelle de Clermont-en-Auge, le panorama sur les vallées de la Dives et de la Vie ? D'autant que la route conduisant au magnifique village de Beuvron-en-Auge est fort jolie ! La côte, avec ses stations élégantes, permettra, à Cabourg d'évoquer le souvenir de Marcel Proust, à Houlgate, de rechercher dans le sable des fossiles au pied de la falaise des Vaches noires, à Deauville, de faire quelques pas sur les fameuses planches, à Trouville de vous attendrir devant les élégantes baigneuses d'autrefois au musée Villa Montebello ; avant de découvrir de beaux points de vue sur l'estuaire de la Seine... et, bien entendu, de déguster un plateau de fruits de mer, en préalable à la découverte de Honfleur et de sa merveilleuse église Ste-Catherine ! L'impressionnant pont de Normandie ; puis celui de Tancarville, vous conduiront au Bec-Hellouin, prétexte à une promenade dans la plaine du Neubourg où abondent de charmantes églises rurales !

les « **Plus** »

DÉCOUVERTE

À 12 km de Lisieux, le CERZA (Centre d'élevage et de reproduction zoologique augeron) permet de découvrir, en empruntant des sentiers (dont le sentier nature), de nombreuses espèces en voie de disparition, dans un domaine aux paysages fort variés où singes et lémuriens vivent en quasi-liberté.

Nulle part ailleurs...

Les lundis de Pentecôte, les marins de Honfleur se rendent en procession à la chapelle Notre-Dame-de-Grâce : spectacle fort pittoresque et coloré à ne pas manquer... Mais si vous n'avez pas la chance de pouvoir y assister, consolez-vous en découvrant dans la chapelle les nombreuses et émouvantes maquettes de navires qui y sont déposées en ex-voto.

La « Merveille de l'Occident » est le point de départ d'une promenade unissant St-Malo, la vieille cité corsaire, à Dinard, doyenne des stations balnéaires bretonnes, sous l'ombre familière des grands hommes qui façonnèrent cette terre : Du Guesclin, Chateaubriant, Jacques Cartier ou Surcouf.

DU MONT DE L'ARCHANGE

à la cité corsaire

7

208 km – Durée 3 jours – Ville de départ suggérée : Le Mont-St-Michel

Renseignements de dernière minute

Arrivée :

Depuis fin 1998, le Mont-St-Michel est relié à Paris par l'autoroute A13 (à 354 km). Mais, suivant votre point de départ, vous pouvez fort bien décider d'entamer votre périple par St-Malo ou, plus sagement, prendre le train pour Rennes et y louer un véhicule : vous n'aurez alors que l'embarras du choix : St-Malo sera à 72 km et le Mont-St-Michel à 70...

Pour circuler : carte n° 59

Pour visiter : Guides Verts Bretagne, Normandie-Cotentin

Où séjourner ? Dinan, St-Malo, Cancale

Les points forts du circuit

Le Mont-St-Michel : **Abbaye La marée** – ***Avranches :*** **Manuscrits du Mont-St-Michel** – ***Château de Combourg :*** – ***Dinan :*** **Vieille ville** – ***Dinard :*** **Site Usine marémotrice de la Rance Vue** – ***St-Malo :*** **Les Remparts Château Musée d'Histoire et d'Ethnographie Grand aquarium Corniche d'Aleth Musée des Cap-horniers** – ***Île du grand Bé :*** **Tombeau de Chateaubriand Panorama** – ***Pointe du Grouin :*** – ***Cancale :*** **Musée de l'Huître** – ***Mont Dol :*** **Panorama** – ***Dol-de-Bretagne :*** **Maisons anciennes Cathédrale St-Samson**

Et si on prenait le temps !

Un lieu comme le Mont-St-Michel ne se « visite » pas, ce serait risquer de passer « à côté ». Un conseil ? Évitez le week-end, afin de vous donner toutes les chances d'en découvrir la magie, d'admirer les subtiles variations de la lumière sur les pierres, tôt le matin comme au coucher du soleil, de flâner dans les rues de la ville bordées de vieux logis, d'arpenter les remparts, de voyager dans le temps grâce à l'archéoscope, de déguster la fameuse omelette et de voir la marée monter autour de vous. Sans négliger bien entendu de visiter longuement la merveilleuse abbaye ! Le gracieux château de Langiran dissipera-t-il la mélancolie du lugubre Combourg où Chateaubriand passa son enfance ? S'il n'y suffit pas, pourquoi ne pas rejoindre, au Sud, le pittoresque bourg de Hédé et vous promener le long du chemin de halage du canal d'Ille-et-Rance autour des onze écluses ? D'autant que cela peut être le point de départ d'un agréable circuit qui vous fera découvrir le château de Montmuran (Du Guesclin, dit-on, y fut armé chevalier) et Tinténiac dont le musée de l'Outil et des Métiers émouvra ceux qui s'intéressent aux métiers traditionnels (les autres pourront aller admirer la roseraie du Parc naturel de la faune - ou les buffles et antilopes de Zooloisirs !). Il fera bon flâner parmi les belles maisons de Dinan avant un tour sur la digue de l'usine marémotrice de la Rance et, pourquoi pas, rejoindre Dinard en bateau ! Mais la ville des corsaires vous attend et vous devrez lui consacrer du temps... ne serait-ce qu'attendre la marée basse pour aller vous recueillir sur la tombe de Chateaubriand dans l'île du Grand Bé avant d'aller déguster une douzaine d'huîtres à Cancale. Voilà qui viendrait à point après une promenade revigorante sur le chemin des Douaniers !

les « Plus »

DÉCOUVERTE

Embarquer, si la mer le permet, à St-Malo ou à Dinard pour aller, en suivant la côte, admirer le grandiose Cap Fréhel, ses impressionnantes falaises et découvrir un panorama magnifique. Ou bien, depuis Dinard, effectuer une plus paisible croisière pour découvrir les malouinières des rives de la Rance. Ou encore, pourquoi pas, partir à la découverte de l'île Chausey !

Nulle part ailleurs...

La fameuse marée du Mont-St-Michel, celle qui en France possède la plus grande amplitude, et dont la montée, à l'époque des grandes marées est particulièrement spectaculaire, d'autant qu'à la rapidité des flots, s'ajoute un phénomène d'encerclements dû aux courants. Bien entendu, vous la contemplerez du haut des remparts !

Les noms de Suisse normande ou Alpes Mancelles paraissent très ambitieux. Les sommets normands ou les vallées encaissées n'ont rien de comparable à ce que l'on rencontre habituellement dans les Alpes. Mais pourtant...

Les Alpes en NORMANDIE

8

316 km – Durée 3 jours
Ville de départ suggérée : Argentan

Renseignements de dernière minute

Arrivée :

Arrivant par l'autoroute A13, on pourra la quitter à Caen et, de là, rejoindre Argentan par la N158 (ce qui nous permettra de rejoindre le circuit à Falaise ou Thury-Harcourt). Arrivant par Le Mans, on commencera notre escapade à Alençon.

Pour circuler : carte n° 231

Pour visiter : Guide Vert Normandie-Cotentin

Où séjourner ? Alençon, Bagnoles-de-l'Orne, Falaise, Argentan

Les points forts du circuit

Argentan : **Église St-Germain** – ***Le Bourg-St-Léonard :*** **Château** – ***Château d'O :*** – ***Sées :*** **Cathédrale** – ***Forêt d'Écouves :*** – ***Alençon :*** **Église Notre-Dame Musée des Beaux-Arts et de la Dentelle** – ***Alpes Mancelles :*** **St-Léonard-des-Bois et Vallée de Misère** – ***Bagnoles-de-l'Orne :*** – ***Domfront :*** **Centre ancien Église N.-D.-sur-l'Eau** – ***Suisse normande :*** **Vallée de l'Orne** – ***Clécy :*** **Musée du Chemin de fer miniature** – ***Thury-Harcourt :*** **Boucle du Hom Mont Pinçon** – ***Falaise :*** **Château Église de la Trinité Musée août 1944** – ***Roche d'Oëtre :*** – ***Ménil-Glaise :***

Et si on prenait le temps !

Ici, les possibilités de randonnées, à pied ou en vélo, sont nombreuses ! On découvrira le pays d'Argentan, en accédant par un sentier, parfois glissant, au Vaudobin puis, par Chambois (avec son donjon et Montormel, site d'une bataille cruciale d'août 1944), on atteindra le Bourg-St-Léonard. Une visite aux étalons du haras du Pin, avant celle du château d'O précédera la découverte de la forêt d'Écouves : suivant les goûts, on empruntera alors un parcours sportif (au Chêne-au-Verdier) ou un plus paisible sentier de découverte, à partir du carrefour du Rendez-Vous, ou tout autre sentier balisé, par exemple pour atteindre les Rochers du Vignage. À Alençon, outre les dentelles, peut-être visitera-t-on une exposition dans la curieuse halle au blé, avant de partir à l'assaut des Alpes Mancelles : un point culminant ? Le mont des Avaloirs, à 417 m d'altitude. On découvrira de belles vues en suivant la corniche du Pail et le beau village de St-Céneri-le-Gérei, lieu d'inspiration pour les peintres, précédera St-Léonard-des-Bois et le chemin qui nous conduira à la vallée de Misère... Mais les possibilités de marcher ou de découvrir le massif à bicyclette voire de pratiquer le canoé-kayak, ne manquent pas ! Depuis Bagnoles-de-l'Orne, on prendra le petit train qui, de Tessé-la-Madeleine, nous conduira vers le Roc au Chien à travers un arboretum, complétera la visite de Domfront par une dégustation de poiré, fera de multiples promenades dans la vallée encaissée de l'Orne (ne pas manquer la Roche d'Oëtre et les gorges de St-Aubert), et l'amusant musée de Clécy précédera un arrêt dans les guinguettes des bords de l'Orne à Pont-du-Vey (les varappeurs chevronnés s'en donneront à cœur joie sur les rochers des Parcs). Bref, vous avez dit Alpes ? Eh oui, même si les altitudes restent modestes !

les «**Plus**»

DÉCOUVERTE

À l'orée de la forêt d'Écouves, Carrouges possède un château qu'il ne faut pas manquer de visiter, d'autant qu'il est magnifiquement meublé... et que, dans ses dépendances, vous trouverez la maison du Parc naturel régional Normandie-Maine et la maison des Métiers qui vous permettra de découvrir l'artisanat traditionnel de la région... et de faire quelques achats !

Nulle part ailleurs...

L'art de la dentelle n'a été porté à un tel degré de raffinement. C'est qu'il existait une véritable rivalité entre les centres de production... Et vous pourrez apprécier la délicatesse et la minutie de ce travail (et, pourquoi pas, rapporter quelque napperon) à l'école dentellière d'Alençon et à l'abbaye bénédictine d'Argentan et, en vous écartant (un peu) de l'itinéraire, à Bayeux (atelier de dentelle).

Rude est le choix entre Trégor, le pays de l'intérieur aux châteaux mystérieux et Armor, le pays de la mer aux plages tentatrices, royaume des roches de granit dont les formes sont sculptées par les vents et les marées depuis la nuit des temps, paysage insolite et grandiose.

La Côte de GRANIT ROSE

9

219 km – Durée 2 jours
Ville de départ suggérée : Guingamp

Renseignements de dernière minute

Arrivée :

À 35 km de St-Brieuc, Guingamp est située sur la voie rapide N12-E60 que vous pourrez emprunter à partir de Rennes ; mais il peut être agréable, de commencer le circuit par Paimpol (surtout si vous êtes plus Armor que Trégor) en empruntant à Saint-Brieuc la D768 qui suit la côte par St-Quay-Portrieux.

Pour circuler : carte n° 230

Pour visiter : Guide Vert Bretagne

Où séjourner ? Perros-Guirrec, Paimpol

Les points forts du circuit

Guingamp : **Menez-Bré : Panorama** – ***Rosanbo :*** **Château** – ***Corniche de l'Armorique :*** – ***Tonquédec :*** **Château** – ***Chapelle de Kerfons :*** – ***Lannion :*** **Maisons anciennes Église de Brélévenez** – ***Trébeurden :*** **Plage Panorama** – ***Pleumeur-Bodou :*** **Radôme et musée des Télécommunications** – ***Corniche Bretonne :*** **Trégastel Rochers de Ploumanach** – ***Tréguier :*** **Cathédrale St-Tugdual** – ***Pointe de l'Arcouest :*** – ***Île de Bréhat :*** – ***La Roche-Jagu :*** **Château** – ***Runan :*** **Église**

Et si on prenait le temps !

C'est que les tentations ne manquent pas, de part et d'autre du circuit et il serait bien agréable d'y succomber ! Alors, prenons le temps et laissons-nous porter par l'inspiration ou le caprice du moment... Des pistes ? Découvrir au Sud de Guingamp les chapelles et manoirs de la vallée du Trieux ; sur la belle corniche de l'Armorique, partir à l'assaut du Grand Rocher ou pousser vers l'Ouest jusqu'à la table d'orientation de Marc'h Sammet et vagabonder sur la route tracée en corniche jusqu'à la pointe de Primel ; compléter la visite du château de Tonquédec par un circuit au Sud de Lannion qui nous fera découvrir les châteaux de Kergrist et de Coatfrec, la chapelle des Sept-Saints ou l'église de Caouënnec ; agrémenter à Pleumeur-Bodou la découverte du Radôme par celle du planétarium du Trévor qui nous emportera dans les étoiles ; profiter de notre escale à Perros-Guirec pour se rendre au matin, lorsque la marée est haute, à Ploumanach par le sentier des Douaniers ; ou y embarquer sur un bateau pour découvrir la réserve ornithologique des Sept-Îles et admirer les fous de Bassan de Rouzic, ou bien, depuis l'île aux Moines, la vue sur le chaos de granit rose de la pointe de Ploumanach ; visiter à Tréguier, après avoir longuement admiré la cathédrale, la maison d'Ernest Renan ; ou bien explorer la presqu'île Sauvage, y découvrir un ancien moulin de marée, le Sillon de Talbert, le panorama de Créac'h Maout ou encore aller se baigner ou prendre un peu de soleil sur la plage de Kermagen ; déguster quelques huîtres à Paimpol en évoquant les Terres-Neuvas ; découvrir longuement l'île de Bréhat en empruntant les sentiers sous les mimosas et les eucalyptus ; ou, pourquoi pas, poursuivre à l'Est sur la côte du Goëlo jusqu'à la pointe de Minard et le port de Bréhec-en-Poula ?

les « Plus »

DÉCOUVERTE

En suivant la côte du Goëlo vers la pointe de Minard, vous pourrez en profiter pour, avant le retour sur Guingamp, admirer les fresques (en particulier la fameuse danse macabre de la nef) et les bas-reliefs de la chapelle de Kermaria-an-Iskuit avant d'aller voir le curieux temple circulaire de Lanleff, baptistère édifié par les templiers sur le modèle du Saint Sépulcre de Jérusalem.

Nulle part ailleurs...

... Le souvenir de la pêche sur les côtes d'Islande n'est plus poignant qu'autour de Paimpol, popularisée par le roman de Loti et la chanson de Botrel ; le musée de la mer de Paimpol évoque le souvenir de la grande pêche à la morue et l'on poursuivra cette évocation dans les villages et sites de la pointe de l'Arcouest, Ploubazlanec et Perros-Hamon, avec leurs mémorials, la croix des Veuves où les femmes attendaient le retour des bateaux, le petit port de Pors-Even

Magnifiques souvenirs de la prospérité économique des paroisses et de la foi sans faille de leurs habitants, ces calvaires, ces églises et ces ossuaires sont autant de témoignages de la richesse spirituelle et temporelle dont est faite l'âme bretonne.

Les enclos paroissiaux du FINISTÈRE

10

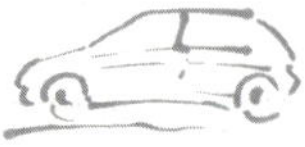

205 km – Durée 2 jours
Ville de départ suggérée : Morlaix

Renseignements de dernière minute

Arrivée :

Vous rejoindrez Morlaix par la voie rapide N12-E50 depuis Rennes, ou depuis Lamballe si vous venez de Paris (à 536 km), via le Mont-St-Michel. Ceux qui arrivent par Nantes et Quimper pourront prendre le circuit à partir de Pleyben (ou du Menez-Hom).

Pour circuler : carte n° 58

Pour visiter : Guide Vert Bretagne

Où séjourner ? Le Faou, Morlaix

Les points forts du circuit

Morlaix : **Grand'Rue Viaduc** – ***St-Thégonnec :*** **Enclos paroissial** – ***Guimiliau :*** **Enclos paroissial** – ***Lampaul-Guimiliau :*** **Enclos paroissial** – ***La Roche-Maurice :*** **Enclos paroissial** – ***Sizun :*** **Enclos paroissial** – ***Le Faou :*** **Site, vue sur l'estuaire** – ***Menez Hom :*** – ***Pleyben :*** **Enclos paroissial** – ***Huelgoat :*** **Rochers Forêt et chaos** – ***Roc Trévezel :*** **Site et panorama** – ***Commana :*** **Enclos paroissial** – ***Moulin de Kerouat :***

Et si on prenait le temps !

On détaillera longtemps, avec émotion, ces superbes enclos paroissiaux qui s'ouvrent autour d'une porte triomphale et réunissent autour de l'église ossuaire et calvaire, tels celui de Guimiliau qui ne compte pas moins de 200 personnages, sculptés de façon un peu rustique mais avec une belle force d'expression. Les plus beaux ? À vous d'en décider, mais le choix est difficile ! Mais ils ne doivent pas faire négliger les villages aux maisons de granit et les églises qui ne manquent pas d'intérêt (ainsi, le mobilier de celle de Guimiliau, le retable de Lampaul ou le porche de La Roche-Maurice). Mais, prendre son temps, ce pourra être aussi explorer le Parc naturel régional d'Armorique. Pourquoi pas, après un passage au centre d'information de Ménez-Meur, ne pas emprunter les sentiers de grande randonnée qui le parcourent, afin d'en découvrir la faune, la flore et les superbes paysages, des monts d'Arrée à la presqu'île de Crozon ? D'autant que, si vous vous intéressez à la civilisation rurale, des musées ont été installés dans des maisons traditionnelles : ainsi, à Sizun, la maison de la Rivière, de l'Eau et de la Pêche, dans le moulin de Vergraon ; ou à Trégarvan, le musée de l'École rurale en Bretagne ou encore à St-Rivoal, la maison Cornec, installée dans une ferme de 1702 et, à Brasparts (qui possède aussi un enclos paroissial), la maison des Artisans où vous pourrez découvrir les œuvres de créateurs locaux. Un panorama inoubliable ? Vous le découvrirez du sommet du Menez-Hom que les plus vaillants atteindront à pied, avant de partir en randonnée dans les superbes paysages des rochers du Huelgoat et de la mystérieuse forêt, qui fit naître tant de légendes... à moins que vous ne préfériez vous lancer dans l'ascension du Roc Trévézel une vue splendide vous y attend !

les « Plus »

DÉCOUVERTE

Vous ne regretterez pas d'effectuer un détour pour aller découvrir la presqu'île de Crozon et ses côtes rocheuses impressionnantes et qui vous permettront d'admirer de superbes panoramas : la pointe de Penhir (avec son chemin escarpé conduisant à la Chambre verte), la pointe des Espagnols d'où la vue est superbe et la pointe de Dinan avec son « château ».

Nulle part ailleurs...

Une légende bretonne ? Celle de Catell-Gollet ou Catherine perdue. La malheureuse avait omis de parler de quelques fredaines en confession, ce qui ne pouvait que l'entraîner sur une mauvaise pente ! Cette triste histoire est évoquée sur le calvaire de Guimiliau et celui de Plougastel-Daoulas, que d'aucuns jugent plus beau encore. Saviez-vous que ce bourg, centre important de dragage de la coquille saint-jacques et de culture de la fraise, a consacré à cette activité une partie de l'intéressant musée du Patrimoine... et de la Fraise ?

Pays maritime, la pêche joue ici un rôle important ; pays de foi et de dévotion, les pardons sont nombreux et suivis ; terre de tradition où les légendes sont toujours vivantes, mais aussi terre d'avenir où tous les élans sont permis.

LA CORNOUAILLE

caps et tempêtes

11

183 km – Durée 2 jours
Ville de départ suggérée : Quimper

Renseignements de dernière minute

Arrivée :

Vous pourrez arriver de Quimper par Rennes en suivant la N12, puis N164 sur 195 km jusqu'à Pleyben où vous prendrez sur votre gauche la voie rapide N165-E60 ; ou bien, si vous le préférez par la N24 jusqu'à Lorient d'où vous ne serez qu'à 66 km (par l'E60) du point de départ du circuit.

Pour circuler : carte n° 58

Pour visiter : Guide Vert Bretagne

Où séjourner ? Audierne, Benodet, Quimper

Les points forts du circuit

Quimper : **Vieux Quimper Cathédrale St-Corentin Musée des Beaux-Arts Musée départemental breton Musée de la Faïence** – ***Bords de l'Odet :*** **Descente en bateau** – ***Bénodet :*** – ***Le Guilvinec :*** **Port langoustinier** – ***Pointe de Penmarch :*** **Phare d'Eckmühl Calvaire de N.-D.-de-Tronoën** – ***Audierne :*** **Site Port de pêche** – ***Ile de Sein :*** – ***Pointe du Raz :*** **Site Panorama** – ***Baie des Trépassés :*** – ***Pointe du Van :*** **Vue** – ***Cap Sizun :*** **Réserve ornithologique** – ***Douarnenez :*** **Port-Musée** – ***Locronan :*** **Église St-Ronan**

Et si on prenait le temps !

Il faudra en consacrer à la vieille ville de Quimper. Cité de la faïence, depuis qu'un provençal vint y installer son atelier à la fin du 17e s., la ville a consacré à cette activité un musée et vous pourrez en outre visiter les faïenceries H.B. Henriot. La cathédrale que chevauche le roi Gradlon dont la fille débauchée causa l'engloutissement d'Ys mérite une visite, ne serait-ce que pour ses vitraux. Avouera-t-on enfin une faiblesse pour la salle du musée des Beaux-Arts consacrée à Max Jacob, avec des portraits du poète par Picasso et Cocteau ? Cela ne sera que le prélude à l'embarquement sur une vedette qui, descendant l'Odet, nous fera découvrir un agréable paysage boisé, la vaste baie de Kérogan et les Vire-Court, méandres parmi les falaises qui évoquent bien des légendes d'un pays qui n'en est pas avare ! Une escale à Bénodet, le temps de déguster quelques fruits de mer et nous retournerons à Quimper, à moins qu'une bonne âme ne nous ait rejoint par la route (découvrant au passage la belle église de Combrit). On s'arrêtera à Loctudy, afin d'assister au débarquement de la pêche ou de visiter dans le manoir de Kérazan les céramiques décorées par Alfred Beau, on s'intéressera au port langoustinier de Guilvinec avant de joindre Penmarch et d'aller admirer le vieux calvaire de Notre-Dame-de-Tronoën, d'autant plus saisissant qu'il est situé dans un paysage désolé ; voilà qui nous mettra en condition pour rallier la pointe du Raz et suivre le sentier vertigineux : une mer qui aurait eu l'obligeance de se déchaîner ne ferait qu'ajouter à la sauvage beauté de l'endroit avant que nous abordions la mélancolique baie des Trépassés. Cependant, on la souhaitera paisible ; si on décide d'embarquer à Audierne pour l'île de Sein ! Et, après une escale sur le port de Douarnenez, on tombera sous le charme des demeures de granit de la place de Locronan.

les « **Plus** »

DÉCOUVERTE

Une petite marche ?
Depuis le quartier de Tréboul de Douarnenez, un sentier côtier vous conduira le long de la mer jusqu'à la pointe de Leydé... ou, pourquoi pas jusqu'à Poullan-sur-Mer et Beuzec.
Vous pouvez également, à l'Est, à partir du port du Rosmeur emprunter le sentier des Plomarc'h jusqu'à la plage du Ris : belles vues assurées et quoi de mieux qu'une promenade au grand air pour ouvrir l'appétit ?

Nulle part ailleurs...

Les Troménies de Locronan, un des pardons les plus spectaculaires de Bretagne... mais il faudra attendre juillet 2001 pour assister à la prochaine grande Troménie qui conduit les pèlerins sur 12 km autour de la montagne, car elle n'a lieu que tous les 6 ans !

***M**ystérieux et fascinant Morbihan, où est son vrai visage ? Dans l'extraordinaire profusion de ses mégalithes, dans la douceur de son climat, dans le charme de sa « petite mer », ou dans les vigoureux et tonifiants embruns de la presqu'île de Quiberon ?*

Les mégalithes du MORBIHAN

12

343 km – Durée 3 jours (dont 1 pour le tour du golfe en bateau)
Ville de départ suggérée : Vannes

Renseignements de dernière minute

Arrivée :

Arrivant de Paris, on rejoindra Vannes par Rennes (où l'on peut, si l'on est venu en train louer une voiture) et l'on pourra commencer le circuit par Josselin. Venant du Sud, on atteindra Vannes par Nantes et l'on sera à pied d'œuvre pour visiter longuement le golfe du Morbihan.

Pour circuler : carte n° 63

Pour visiter : Guide Vert Bretagne

Où séjourner ? Carnac, Josselin, Vannes, Auray

Les points forts du circuit

Vannes : **Vieille ville Tour du golfe du Morbihan en bateau** – ***Lamor-Baden :*** **Cairn de Gavrinis** – ***Auray :*** **Quartier St-Goustan** – ***Locmariaquer :*** **Ensemble mégalithique** – ***La Trinité :*** – ***Carnac :*** **Ensemble mégalithique Musée de Préhistoire** – ***Presqu'île de Quiberon :*** **Côte Sauvage** – ***Ria d'Étel :*** – ***Port-Louis :*** **Citadelle** – ***Poul-Fetan :*** **Village breton d'autrefois** – ***Josselin :*** **Château** – ***Forteresse de Largoët :*** – ***Presqu'île de Rhuys :*** **Port-Navalo** – ***Tumulus de Tumiac :*** – ***Château de Suscinio :***

Et si on prenait le temps !

Les occasions ne manquent pas : flâner dans la vieille ville de Vannes avec ses maisons à pignons, se dégourdir les jambes à la presqu'île du Cointeau et découvrir le manoir du Plessis-Josso ; embarquer à Vannes, Port-Navalo, Auray ou Locmariaquer sur un bateau pour visiter le golfe parsemé d'îles, entre lesquelles glisse une kyrielle de voiles blanches : débarquera-t-on sur Arz avec ses monuments mégalithiques ou préférera-t-on une promenade parmi les orangers et les citronniers de l'île aux Moines ? On en explorera aussi les rives, en voiture ou, mieux, à vélo, sur les traces de Lesage, l'auteur de Gil Blas, à Sarzeau, ou de Jules César, et l'on comprendra à Tumiac, qu'il ait choisi la butte pour suivre la bataille navale contre les Vénètes, joignant ainsi l'utile à l'agréable ; ou encore, à Auray, sur celles du chef chouan Cadoudal, à moins que, en souvenir de ses lectures d'enfance, on aille à Pluneret se recueillir sur la tombe de la comtesse de Ségur, née Rostopchine. On pourra privilégier la Bretagne traditionnelle, avec l'écomusée de St-Degan, consacré aux noces bretonnes et le village breton reconstitué de Poul-Fétan où l'on pourra déjeuner d'un véritable repas breton. Ou bien, on consacrera une longue promenade à la presqu'île de Quiberon, sa Côte Sauvage et la pointe du Conguel : un curieux musée consacré à des compositions faites de coquillages, installé dans un galion reconstitué à Plouharnel, nous amusera et, si l'on s'intéresse à cette période de l'histoire, on s'attardera devant les dioramas du musée de la Chouannerie. Embarquera-t-on à Port-Maria pour Belle-Île ou les îles de Hoedic et d'Houat ? Mais les mégalithes, chargés de mystère, nous attendent : on consacrera du temps au musée de Préhistoire de Carnac avant de découvrir les fameux alignements, dolmens et tumulus, prétexte à une agréable promenade, et l'ensemble de Locmariaquer. Mais on ne négligera pas pour autant l'intérieur des terres avec les châteaux de Josselin et de Largoët ! Bref, on est obligé de prendre le temps !

les « **Plus** »

DÉCOUVERTE

Pourquoi ne pas prendre un jour de plus et partir, de Port-Maria à la découverte de Belle-Île, la plus grande des îles bretonnes ? À moins que, délibérément terriens, on ne préfère flâner autour de Josselin et découvrir le calvaire de Guéhenno et le domaine de Kerguéhennec où, dans le parc du château, est installé un musée en plein air de sculptures contemporaines.

Nulle part ailleurs...

Menhirs, alignements, cromlechs, dolmens, tumulus, cairns, allées couvertes : vestiges d'une civilisation qui nous est restée mystérieuse et qui précéda ici les Gaulois, ces innombrables monuments mégalithiques (il en existe plus de 3 000 autour de Carnac) furent parfois utilisés par les Romains, puis par les Chrétiens : car, même si elles en avaient oublié le sens, les populations locales continuaient à vénérer ces monuments, message lancé par leurs lointains ancêtres depuis le fond des âges.

Terre de légendes, la Bretagne intérieure séduit par ses admirables petits villages d'art qui conservent de très beaux exemples de places pittoresques bordées de vieilles demeures.

Merlin et l'enchantement des petites cités d'art de la
BRETAGNE INTERIEURE

13

353 km – Durée 3 jours
Ville de départ suggérée : Rennes

Renseignements de dernière minute

Arrivée :

Vous rejoindrez Rennes, point de départ de ce circuit (n'oubliez pas de flâner dans les rues pittoresques de la vieille ville !) en voiture ou en train, à moins que, venant du Sud (par Nantes), vous ne préfériez commencer le circuit directement par la forêt de Paimpont (que vous pourrez alors atteindre par Redon).

Pour circuler : carte n° 230

Pour visiter : Guide Vert Bretagne

Où séjourner ? Josselin, Pontivy, Jugnon-les-Lacs, Quintin

Les points forts du circuit

Rennes : **Vieux Rennes** **Musée de Bretagne et des Beaux-Arts** – ***Forêt de Paimpont :*** – ***Ploërmel :*** **Église St-Armel** – ***Josselin :*** **Château** – ***Pontivy :*** **Maisons anciennes** – ***Lac de Guerlédan :*** **Promenades en bateau** – ***Gorges du Daoulas :*** – ***Quintin :*** – ***Moncontour :*** – ***Jugon-les-Lacs :***

Et si on prenait le temps !

Paimpont, l'ex-Brocéliande, la forêt aux mille légendes, reprend vie après le terrible incendie de 1990 : dans ce nouveau paysage, vous aimerez flâner autour des étangs, découvrant au passage les lieux liés aux chevaliers de la Table Ronde : le château de Comper avec la fée Viviane ou le preux Lancelot, le tombeau de Merlin, les pittoresques forges de Paimpont, le château médiéval de Trécesson, posé au milieu d'un étang, Tréhorenteuc où un vitrail illustre la quête du Graal et le Val Sans Retour, tout bruissant de légendes. Mais, tel Lancelot, vous parviendrez à rompre le charme jeté par la fée Morgane et reprendrez la route vers Ploermel. Intéressés par la vie traditionnelle bretonne ? Le musée du costume au château de Crévy et, à Lizio (à 17 km au Sud), l'écomusée de la Ferme et des Métiers méritent que vous fassiez le détour. Au cœur de l'Argoat, le lac de Guerlédan sera prétexte à flâneries : nautisme, promenades en bateau, sentiers vous permettront de découvrir à loisir les jolies rivages de ce lac de barrage, ses écluses et, non loin, la forêt de Quénécan où les randonneurs ne manqueront pas d'emprunter les sentiers parmi les épicéas. Les pittoresques gorges du Daoulas ne doivent pas être manquées avant la vieille ville de Quintin (qui a gardé des traces de sa splendeur d'antan due à l'industrie de la toile), la pittoresque cité de Moncontour (d'où les amateurs d'architecture médiévale pourront pousser jusqu'au château de la Touche-Trébry) et le lac de Jugon, paradis des pêcheurs comme des véliplanchistes seront autant d'étapes agréables, d'autant que vous pourrez visiter non loin, la ferme d'antan de St-Esprit-des-Bois en Plédéliac et y découvrir la vie rurale d'autrefois, ou bien encore l'abbaye cistercienne de Boquen.

les « **Plus** »

DÉCOUVERTE

Envie de marcher un peu tout en découvrant des mégalithes ? Le site de Monteneuf, non loin de la forêt de Paimpont vous propose un circuit pédestre de 9 km tracé sur la lande qui vous permettra de découvrir allées couvertes, monolithes et menhirs

Nulle part ailleurs...

Un cycle de légendes, comme celui qui a été construit autour de la quête du saint Graal, n'a autant imprégné les lieux comme les esprits : le roi Arthur, Perceval, l'enchanteur Merlin, les fées Viviane et Morgane, Tristan et Iseult, Lancelot, autant de noms familiers à tous, qui ont aujourd'hui investi le château de Comper où a été installé un Centre arthurien où se tiennent des expositions sur les légendes, et sur le Moyen Âge en général.

Fougères, Vitré, ces villes fortes que l'on dit aujourd'hui pittoresques protégeaient, jadis, Rennes et la Bretagne des assauts normands, anglais ou des troupes du roi de France.

Ces forteresses aux marches de BRETAGNE

14

230 km – Durée 2 jours
Ville de départ suggérée : Rennes

Renseignements de dernière minute

Arrivée :

Si l'on vient du Sud (par Nantes à 110 km), on commencera le circuit à Châteaubriand ou Bain-de-Bretagne. Les Parisiens, arrivant par Chartres et Le Mans le rejoindront à Vitré à moins qu'ils ne préfèrent rallier Rennes par train et louer une voiture sur place.

Pour circuler : cartes n°s 59 et 63

Pour visiter : Guide Vert Bretagne

Où séjourner ? Fougères, Châteaubriand

Les points forts du circuit

Rennes : **Vieux Rennes Musée de Bretagne et des Beaux-Arts** – ***St-Aubin-du-Cormier :*** **Ruines du château** – ***Fougères :*** **Château** – ***Vitré :*** **Château Vieille ville Vue des Tertres noirs** – ***La Guerche-de-Bretagne :*** **La Roche-aux-Fées** – ***Châteaubriand :*** **Château**

Et si on prenait le temps !

Capitale de la Bretagne et ville universitaire animée, le vieux Rennes avec ses belles maisons à pans de bois et ses places mérite qu'on la découvre petit à petit, au hasard des bonheurs du regard : ici une vieille demeure transformée en restaurant, là, en poussant une porte, vous découvrirez un superbe escalier, là encore, tavernes et auberges ont investi toute une rue... Et pourquoi ne pas consacrer une heure au merveilleux jardin du Thabor qui, au printemps, se pare de mille couleurs ? La pittoresque cité de Fougères, qui fut jadis capitale de la chaussure (mesdames, les quelques entreprises qui ont survécu vous sont consacrées !), possède certes un superbe château mais donnera accès à ceux qui désirent se dégourdir les jambes à la fort belle forêt de Fougères ou, de ci de là, vous pourrez tomber sur des dolmens ou des alignements mégalithiques. L'arrivée sur Vitré sera magnifique et vous pourrez compléter la visite de son château par une promenade dans la vieille ville qui a conservé son cachet avant d'aller admirer la vue depuis les Tertres noirs. Un détour ? La place de Champeaux, dominée par sa collégiale, compose un ensemble fort agréable. Des châteaux ? Vous pourrez apercevoir celui d'Espinay, posé dans la verdure, et visiter celui des Rochers-Sévigné, où les littéraires ne manqueront pas d'aller rendre hommage à la marquise ! À La Guerche-de-Bretagne, le passé et ses mystères nous attendent à La Roche-aux-Fées, superbe monument mégalithique qui pourra être, pourquoi pas, le point de départ d'une agréable promenade qui vous fera découvrir le lac des Mottes ombragé, le joli bourg de Retiers, ainsi que le château de Montbouan avant de découvrir un nouveau château mi-féodal, mi-Renaissance, celui de Châteaubriand.

les « **Plus** »

DÉCOUVERTE

À l'Ouest de Bain-de-Bretagne, les amoureux de l'automobile ne manqueront pas de visiter à Lohéac, le manoir de la Courneuve où a été réunie une collection de 160 voitures de grand tourisme et de sport. Lamborghini, Ferrari, Porsche, Rolls-Royce, de quoi faire rêver les amateurs, tandis que ceux qui aiment mettre les mains dans le cambouis seront dans leur élément en visitant la « chapelle des moteurs ».

Nulle part ailleurs...

Aux portes de Rennes, l'écomusée du pays de Rennes, installé dans la ferme de la Binthinais, vous permettra de découvrir outils et techniques traditionnelles, mais aussi d'effectuer un parcours à travers le domaine qui présente en vraie grandeur l'évolution de l'agriculture traditionnelle, sans oublier la présentation d'un cheptel composé de races rustiques (chevaux, vaches, cochons, poules) en voie d'extinction, le tout agrémenté de commentaires alliant rigueur scientifique à l'évocation de traditions parfois truculentes !

Les marais salants forment un immense quadrillage délimité par de petits talus de terre argileuse. À Guérande et Noirmoutier, une nouvelle génération de paludiers a repris les grands râteaux plats pour écumer le sel blanc à la surface, puis reformer les caractéristiques mulons.

Sur les pas des GABELOUS

15

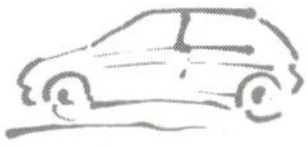

346 km – Durée 2 jours – Ville de départ suggérée : Nantes

Renseignements de dernière minute

Arrivée :

Pourquoi ne pas prendre un TGV jusqu'à Nantes et y louer une voiture ? Ce serait sans doute le plus simple... mais si vous préférez utiliser votre propre véhicule, vous emprunterez depuis Paris l'A11, par Chartres, Le Mans et Angers. Les Bretons pourront rejoindre le circuit à Herbignac (par Vannes) et il sera agréable, lorsqu'on arrive de Vendée de suivre la côte et de se raccorder à l'itinéraire à St-Gilles-Croix-de-Vie.

Pour circuler : carte n° 232

Pour visiter : Guides Verts Bretagne et Poitou-Vendée-Charentes

Où séjourner ? La Baule, Pornic, Ile-de-Noirmoutier

Les points forts du circuit

Nantes : **Musée des Beaux-Arts Château des ducs de Bretagne** – ***Guérande :*** **Marais salants** – ***Batz-sur-Mer :*** **Musée des Marais salants** – ***Le Croisic :*** **Le port Océarium** – ***La Baule :*** – ***Pornichet :*** **ancien village de paludiers** – ***St-Nazaire :*** **Chantiers navals et installations portuaires** – ***Bourgneuf-en-Retz :*** **Musée du Pays de Retz** – ***Beauvoir-sur-Mer :*** **Passage du Gois** – ***Noirmoutier-en-l'Île :*** **Marais salants** – ***La Guérinière :*** **Musée des Arts et Traditions populaires** – ***La Barre-de-Monts :*** **Écomusée du Daviaud** – ***St-Hilaire-de-Riez :*** **Bourrine du Bois Juquaud** – ***St-Gilles-Croix-de-Vie :*** – ***Port-St-Père :*** **Safari Africain**

Et si on prenait le temps !

Ici, l'eau et la terre se mêlent si intimement qu'il est difficile de savoir où commence l'une ou finit l'autre : rien de plus simple (ni de plus agréable) que de s'y perdre et d'oublier la notion du temps : prenez la merveilleuse Grande Brière : circuits cyclistes ou piétons, embarcadères pour promenades en chaland le long des canaux, autant de possibilités de découvrir cette étonnante région qui a conservé tout son caractère : paysages originaux, vie quotidienne traditionnelle, flore et faune qu'armés de jumelles (et de patience) vous pourrez découvrir dans son cadre naturel, depuis les observatoires du parc animalier (naturalisée, elle est exposée à la maison de l'Éclusier), sans oublier l'île de Fédrun avec ses maisons à toits de chaume, La Chapelle-des-Marais avec sa maison du sabotier et le village typiquement breton de Kerhinet. Royaume des paludiers, la presqu'île de Guérande, avec ses miroirs resplendissant au soleil ou se parant de teintes rosées à la tombée du jour, saura vous envoûter ; à défaut de pouvoir la découvrir en hélicoptère, ce qui serait l'idéal, prenez le temps de vous arrêter de temps à autre, d'emprunter les sentiers et de visiter la maison des Paludiers de Saillé et le musée des Marais salants de Batz-sur-Mer, en prélude à une promenade sur le sentier des Douaniers. une pause à la Baule ou à Pornichet, devant un plateau de fruits de mer précédera la visite des marais salants de Noirmoutier ; suivant vos centres d'intérêt, vous pourrez alors visiter la ville, découvrir une étonnante végétation méditerranéenne au bois de la Chaize ou vous initier à la vie quotidienne locale dans le musée des Arts et traditions populaires de La Guérinière, à moins que vous ne préfériez, en rentrant vers Nantes vous arrêter à Port-St-Père : un safari africain en bordure de la Loire, avouez que ça ne manque pas de... sel !

les « **Plus** »

DÉCOUVERTE

Ce sera la découverte de l'étonnante cité de Clisson, au Sud-Est de Nantes. Étonnante, certes, en raison de son site fort pittoresque, mais surtout pour une particularité architecturale : il s'agit là d'une ville italienne ! En effet, après que la cité ait été abandonnée par ses habitants en 1794, elle fut reconstruite dans le goût italien au début du 19e s. C'est ainsi que vous y découvrirez (dans le parc de la Garenne-Lemot) temples antiques, villa romaine néoclassique (abritant un lieu d'exposition consacré à l'art contemporain) et une surprenante maison du Jardinier, construite dans un style rustique italien.

Nulle part ailleurs...

Capitale historique des ducs de Bretagne, Nantes mérite plus qu'une visite rapide, ne serait-ce qu'en raison de ses musées, du quartier de l'ancienne île Feydeau, d'une remarquable unité architecturale et du merveilleux passage Pommeraye qui fit rêver les Surréalistes et inspira le cinéaste Jacques Demy. En outre, vous pourrez y embarquer à la gare fluviale pour des promenades sur l'Erdre ou sur la Sèvre et découvrir, dans un cadre paisible, de belles gentilhommières. Si vous le pouvez, faites la promenade de nuit : magie assurée !

C'est en Île-de-France, sous l'impulsion de l'école de Barbizon, que les paysages prennent une réelle importance dans la peinture française. Ces peintres sont rapidement relayés par les impressionnistes qui immortalisent avec bonheur les sites et les éclairages pittoresques des vallées de la Seine et de l'Oise.

L'ÎLE-DE-FRANCE

des peintres

16

184 km – Durée 2 jours
Ville de départ suggérée : Paris

Renseignements de dernière minute

Arrivée :

Si vous arrivez du Nord ou de l'Ouest, vous pourrez éviter Paris dans un premier temps et commencer votre circuit par Auvers-sur-Oise, Magny-en-Vexin (en quittant l'autoroute du Nord à Beauvais, par exemple) ou Giverny (sortir de l'A13 à Vernon), selon les cas.

Pour circuler : carte n° 106

Pour visiter : Guides Verts Île-de-France et Normandie-Vallée de la Seine

Où séjourner : St-Germain-en-Laye, Paris, Vernon

Les points forts du circuit

Paris : **Musée d'Orsay** – ***Auvers-sur-Oise :*** **Parcours des impressionnistes au château Maison de Van Gogh Musée et atelier de Daubigny** – ***Pontoise :*** **Musée Pissarro** – ***La Roche-Guyon :*** **Route des Crêtes** – ***Giverny :*** **Maison de Claude Monet Musée d'Art américain** – ***Mantes-la-Jolie :*** **Collégiale Musée Luce** – ***St-Germain-en-Laye :*** **Musée des Antiquités nationales Musée départemental du Prieuré** – ***Chatou :*** **Maison Fournaise**

Et si on prenait le temps !

Il en faut pour s'attarder au musée d'Orsay devant les œuvres des peintres qui, à la suite de Corot et de Théodore Rousseau, ont créé l'École de Barbizon ; on passera un long moment en compagnie des impressionnistes : Sisley, Monet, Pissaro ou Renoir ; on admirera L'église d'Auvers de Van Gogh... ou bien, on préférera profiter d'une belle journée de printemps pour découvrir tout de suite ces lieux ! La visite du retable de Taverny précédera l'émouvante halte d'Auvers-sur-Oise. Après l'orgie de couleurs du château de Lévy, on se rappellera que Daubigny, Pissaro, Cézanne et bien d'autres y précédèrent Vincent mais c'est à celui-ci qu'on songera en recherchant la maison du docteur Gachet, en visitant l'auberge Ravoux où il vécut, l'église qu'il rendit célèbre, avant de monter à travers des champs de blés qui semblent nés de sa palette se recueillir sur sa tombe, et pourquoi pas, visiter le musée de l'absinthe où les artistes trouvaient inspiration ou réconfort. Pissaro, à Pontoise, ne nous fera pas négliger le musée Tavet-Delacour consacré en partie à Freundlich ; avant que nous ne musardions sur la route des Crêtes avec le village troglodytique de Haute-Isle ; l'arboretum de la Roche nous permettra de mieux connaître les arbres franciliens avant la splendeur de Giverny : la maison de Monet, mais aussi le musée d'Art américain ! Mantes nous permettra d'évoquer, avec Maximilien Luce, les paysages de Rolleboise (ce qui ne nous empêchera pas, à Épône, de visiter le musée de la Charronnerie) et l'on rendra hommage aux nabis à St-Germain-en-Laye. Une escale à Chatou parmi les guinguettes de l'île qui attira les impressionnistes précédera notre retour. Et, s'il nous reste du temps, pourquoi ne pas foncer vers le Sud retrouver Millet à Barbizon et Cocteau dans sa chapelle de Milly-la-Forêt ?

les « Plus »

DÉCOUVERTE

Le Parc naturel régional du Vexin français, entre Pontoise et la Roche-Guyon, mérite d'être exploré (pourquoi pas à velo ou à pied). Dans les paysages aussi verts que vallonnés, de cette région qui fait le lien entre l'Île-de-France et la Normandie, vous pourrez découvrir, chemin faisant, d'agréables villages, avec de belles maisons rurales de pierres (citons Wy, non loin de Villarceaux) et des églises Renaissance (comme Epiais-Rhus, au Nord de Pontoise) dues à deux familles d'architectes locaux.

Nulle part ailleurs...

Vous ne découvrirez autant de chefs-d'œuvre peints à Giverny par Claude Monet qu'en visitant à Paris le musée Marmottan, superbe façon de prolonger votre visite dans le jardin de la maison de l'artiste. Quant aux extraordinaires Nymphéas, il suffit pour les découvrir de traverser la Seine en sortant du musée d'Orsay et de vous rendre, dans le jardin des Tuileries, au musée de l'Orangerie.

Terre des princes et des rois, l'Île-de-France bénéficie d'une remarquable concentration de palais et de châteaux qui rivalisent de prestige et de beauté. La magnificence de Versailles ou le raffinement de Vaux-le-Vicomte parachèvent la somptueuse parure de châteaux et de parcs qui embellissent la région.

Châteaux et parcs prestigieux du sud de L'ÎLE-DE-FRANCE

17

244 km – Durée 3 jours
Ville de départ suggérée : Versailles

Renseignements de dernière minute

Arrivée :

Vous venez du Sud ? Sans doute aurez-vous intérêt à quitter l'A6 à Ury et commencer votre itinéraire par Fontainebleau.

Vous arrivez par Orléans ou Chartres ? Les Autoroutes A11 (sortie 1) et A10 (sortie 10) vous mettront aux portes de Rambouillet.

Arrivant de l'Ouest par l'A13 puis la A86, vous voilà à Versailles.

Et si vous venez de Paris ? Ce sera à vous de choisir, en fonction de votre point de départ, l'option qui vous conviendra le mieux !

Pour circuler : carte n° 106

Pour visiter : Guide Vert Île-de-France

Où séjourner : Rambouillet, Fontainebleau

Les points forts du circuit

Versailles : **Château** **Parc** – ***Rambouillet :*** **Château** **Parc** – ***Dampierre :*** **Château** – ***Breteuil :*** **Château** **Parc** – ***Courson :*** **Château** **Parc** – ***Courances :*** **Château** **Parc** – ***Fontainebleau :*** **Palais** **Jardins** – ***Vaux-le-Vicomte :*** **Château** **Jardins** – ***Sceaux :*** **Parc** – ***St-Cloud :*** **Parc**

Et si on prenait le temps !

Résolument cancre, nous pourrions accompagner nos amis jusqu'à la porte de ces merveilles, après avoir chargé dans le coffre nos chaussures de marche, et installé sur la galerie notre vélo ; ainsi, tandis qu'ils visiteraient le château de Versailles, nous aurions largement le temps de sacrifier à la mélomanie chez Maurice Ravel à Montfort-l'Amaury, ou d'admirer les papillons dans leur serre de La Queue-en-Yvelines avant d'investir la forêt de Rambouillet et, du château de la Mormaire ou du village de bûcherons de Gambaiseul à l'étang Neuf (aurons-nous pensé à la canne à pêche ?) randonner sous les futaies, depuis le Grand Baliveau. Nous pourrions retrouver nos amis, que les fastes du Grand Siècle auraient empli de sympathie pour la Révolution au musée Lambinet, avant de les conduire aux châteaux de Rambouillet, Dampierre et Breteuil : leçon d'histoire qui les mènerait de François Ier à Napoléon, tandis que nous rendrions visite aux kangourous de la réserve de Sauvage, partirions à l'assaut des rochers d'Argennes ou du « Balcon » du Haut Planet, ou irions à l'espace Rambouillet pour voir évoluer rapaces et chevreuils (nous aurions aussi pris nos jumelles !). Souhaitent-ils visiter les châteaux de Courson et de Courances ? Nous les accompagnerons afin de profiter des parcs, où le botaniste qui sommeille en nous s'émerveillera. Mais, à Fontainebleau, nous resterons intraitable : tout au plus acceptera-t-on de les accompagner à Vulaines, chez Stéphane Mallarmé ; et nous disparaîtrons dans la forêt de Fontainebleau, des gorges de Franchard à celles d'Apremont, des hauteurs de la Solle au long Rocher, de la vallée Close aux Trois-Pignons, avant de les suivre volontiers à Vaux-le-Vicomte, malgré nos souliers tout crottés, en que nous aurions volontiers accepté l'invitation de Monsieur Fouquet !

les « **Plus** »

DÉCOUVERTE

Chevreuse et sa vallée, à l'orée de la forêt de Rambouillet. un itinéraire nous conduira sur le chemin emprunté jadis par Racine pour se rendre à Port-Royal. Jansénistes dans l'âme, nous visiterons les ruines de l'abbaye et le musée. Randonneurs, nous emprunterons le sentier de découverte de Maincourt ou quelques-uns des 200 km de sentiers balisés. Amateurs d'insolite, nous nous laisserons tenter par le Skit du St-Esprit au Mesnil-Saint-Denis. Poètes, nous nous rendrons au moulin de Villeneuve, près de Dourdan sur la tombe d'Aragon et d'Elsa Triolet...

Nulle part ailleurs...

La Provence et les Cévennes ne sont si proches de Paris qu'à Sceaux ! C'est que le fabuliste cévenol Florian y mourut en 1794 et que les félibres, réunis autour de Frédéric Mistral, décidèrent de venir lui rendre hommage chaque année en juin. C'est pourquoi de nos jours, vous pourrez encore entendre par de belles journées d'été, dans le jardin des Félibres situé près de l'église, résonner les nobles accents de la langue d'oc à portée du RER !

Champagne, le mot évoque non seulement une région mais aussi le fameux vin pétillant qui a porté dans le monde entier la renommée des traditions viticoles de la région champenoise et constitue l'un des meilleurs ambassadeurs de la gastronomie française.

Le vignoble CHAMPENOIS

18

163 km – Durée 2 jours
Ville de départ suggérée : Reims

Renseignements de dernière minute

Arrivée :

Reims est situé sur l'autoroute A4. Venant de Paris, vous pourrez quitter l'autoroute à la sortie 21 et commencer l'itinéraire à partir de Châtillon-sur-Marne. Venant de l'Est, sortez à Châlons-en-Champagne et rejoignez le circuit à Vertus ou à Condé-sur-Marne. Depuis le Nord, vous pourrez arriver de Lille par la A26 et atteindrez directement Reims.

Pour circuler : carte n° 56

Pour visiter : Guide Vert Champagne-Ardenne

Où séjourner ? Épernay, Reims

Les points forts du circuit

Reims : **Cathédrale Notre-Dame Caves de champagne Basilique et musée St-Rémi** – ***Verzenay :*** – ***Faux de Verzy :*** – ***Vertus :*** – ***Épernay :*** **Caves de champagne** – ***Hautvillers :*** – ***Fleury-la-Rivière :*** – ***Châtillon-sur-Marne :*** **Statue d'Urbain II** – ***Chapelle St-Lié :***

Et si on prenait le temps !

On prendra celui de visiter longuement Reims, sa merveilleuse cathédrale et le palais du Tau qui en abrite le trésor ; à St-Rémi, on ne manquera pas les dix superbes tapisseries et, en se dirigeant vers le quartier du Champ de Mars, on pourra s'arrêter à la chapelle Foujita. Et bien sûr, on s'attardera dans les crayères, souvent gallo-romaines, où reposent des bouteilles aux noms prestigieux. Avec le vignoble, on abordera le Parc naturel régional de la Montagne de Reims : on pourra y emprunter des sentiers, suivre à pied le canal latéral à la Marne, visiter à Germaine la maison du Bûcheron, découvrir les curieux hêtres des Faux-de-Verzy, et bien sûr, dans les villages, s'arrêter chez les producteurs pour garnir le coffre de quelques cartons ! On flânera dans les rues de Hautvillers avant de rendre grâce à ce bienfaiteur de l'humanité que fut Dom Pérignon en son abbatiale. L'envie pourrait alors nous prendre de pousser jusqu'à Châlons et Notre-Dame-de-l'Épine... La côte des Blancs, de Vertus à Épernay nous donnera maintes occasions de nous arrêter : raisonnables, nous ne multiplierons pas les dégustations à Cramant ou Avize, mais visiterons le musée de la Vigne et du Vin du Mesnil-sur-Oger avant de partir à l'assaut du mont Aimé. Bien sûr, Épernay nous permettra de visiter quelques nouvelles galeries crayères et, peut-être, commandera-t-on en apéritif un ratafia ! Ville natale d'un pape, Châtillon-sur-Marne nous permettra de retrouver la Montagne de Reims et pourquoi, après avoir visité le musée de l'Escargot de Champagne à Olizy, n'emprunterions-nous pas le sentier du Tardenois ; à moins que nous ne préférions rentrer par l'agréable route qui nous fera traverser Damery, Fleury-la-Rivière et sa fresque, Nanteuil et Pourcy (maison du Parc) avant Chapelle-St-Lié.

les « **Plus** »

DÉCOUVERTE

À l'Ouest de Dormans, Château-Thierry est une ville où il est agréable de se promener sur les remparts du château et d'y découvrir de belles vues, avant de visiter la maison natale de La Fontaine ; on pourra également continuer, le long des méandres paresseux de la Marne, haut lieu de la guerre 1914-1918 jusqu'au village vigneron de Crouttes, avec ses caves creusées dans le rocher.

Nulle part ailleurs...

Le champagne, bien sûr, souvent imité, jamais égalé ! Ce vignoble qui existait déjà du temps des Gaulois a pris son caractère particulier lorsque le bénédictin de l'abbaye de Hautvillers dom Pierre Pérignon mit au point les procédés qui en firent ce qu'il est aujourd'hui, en particulier le mariage des crus et la seconde fermentation. Depuis lors, pas une fête sans que le champagne ne figure sur la table, celle des rois comme celle des simples citoyens.

Longtemps disputée entre le royaume de France et l'Empire germanique, la Lorraine a conservé dans ses paysages, comme dans la mémoire des hommes, les traces indélébiles des vicissitudes de l'histoire. Naguère pays du fer et de l'acier, elle offre aujourd'hui, dans une lumière jaune mirabelle, des paysages verdoyants qui se reflètent dans le bleu des lacs et des rivières.

En passant par la LORRAINE

19

325 km – Durée 3 jours
Ville de départ suggérée : Metz

Renseignements de dernière minute

Arrivée :

Suivant vos centres d'intérêt et vos priorités, vous pourrez rejoindre Metz par l'autoroute A4 que vous pourrez atteindre, si vous venez du Nord, à Reims. À moins que vous ne préfériez commencer par Toul ou Nancy (en ce cas, prendre à Reims la direction de Châlons-en-Champagne (par l'A26) puis la Nationale 4.

Pour circuler : carte n° 241

Pour visiter : Guide Vert Alsace-Lorraine

Où séjourner ? Nancy, Bar-le-Duc, Verdun

Les points forts du circuit

Metz : **Cathédrale St-Étienne La Cour d'Or, musées Église St-Pierre-aux-Nonnains** – ***Pont-à-Mousson :*** **Ancienne abbaye des Prémontré** – ***Nancy :*** **Place Stanislas Palais ducal Musée des Beaux-arts Musée historique lorrain Musée de l'École de Nancy** – ***Toul :*** **Cathédrale St-Étienne Cloître de l'église St-Gengoult** – ***Domrémy :*** **Souvenir de Jeanne d'Arc** – ***Bar-le-Duc :*** **Ville haute Voie sacrée** – ***Verdun :*** **Citadelle souterraine Ville haute** – ***Champ de bataille de Verdun :*** – ***Le Pays du fer :***

Et si on prenait le temps !

Quittant Metz par le Nord, on aborderait le pays du Fer par Thionville, qui en fut la capitale (on en profiterait pour visiter le château de la Grange, fameux pour son poêle de faïence) et, à Aumetz et Neufchef, par les musées des mines du fer, témoins de l'émouvante épopée des « gueules jaunes ». Mais l'émotion sera également au rendez-vous avec les champs de bataille de Verdun, théâtre de la terrible bataille de 1916-1917 qui a marqué à jamais cette région de son empreinte : les forts de Douaumont ou de Vaux, la tranchée des Baïonnettes, les nombreux et immenses cimetières militaires permettront de mieux comprendre l'héroïsme d'une génération sacrifiée. La route de la côte de la Meuse que vous pourrez emprunter entre Verdun et St-Mihiel prolongera cette émotion avec la fameuse côte des Éparges, théâtre de terribles combats entre 1914 et avril 1915 mais aussi d'accéder au lac de Madine sur lequel une promenade en pédalo viendra agréablement servir de dérivatif avant une découverte du parc ornithologique. Plus loin, St-Mihiel mérite une visite pour son abbaye et, surtout, l'Église St-Étienne avec l'extraordinaire Mise au tombeau du sculpteur local Ligier Richier. Mais, auparavant, la butte de Montsec, avec son mémorial américain, vous aura permis de découvrir un beau panorama sur la région. Une escapade vers le Sud ? Pourquoi ne pas aller faire provision des fameuses madeleines de Commercy avant Euville (saviez-vous que l'Opéra de Paris et la Gare du Nord ont été construits avec les pierres extraites dans ces carrières ?) et la possibilité de retourner sur Metz par la pittoresque et sinueuse vallée du Rupt de Mad ? À moins qu'on ne préfère, après Domrémy et la visite de la maison natale de Jeanne, faire le détour par la colline de Sion-Vaudémont, la fameuse « colline inspirée » d'où l'on découvrira une vue superbe.

les « **Plus** »

DÉCOUVERTE

La superbe basilique de St-Nicolas-de-Port, aux portes de Nancy, attirera les amateurs d'art gothique ; d'autres préféreront sans doute visiter le musée de la Brasserie qui intéressera autant les amateurs d'Art nouveau que les amateurs de bière; non loin, l'église de Varangéville, avec sa forêt de piliers, mérite une visite.

Nulle part ailleurs...

La fameuse École de Nancy, fer de lance de l'Art nouveau, « alliance des industries d'art », fut créée par l'extraordinaire verrier Émile Gallé dont on sait moins qu'il était également ébéniste. Le musée que Nancy a consacré à l'École vous permettra de découvrir des œuvres de ses principaux créateurs (citons l'ébéniste Majorelle et aussi Hector Guimard) et sa visite pourra être complétée par une promenade thématique dans les rues de la ville à la recherche des immeubles Art nouveau qui furent nombreux à y être édifiés.

Quelle que soit la richesse des centres anciens d'Auxerre, Sens et Troyes, ce circuit vous séduira davantage grâce aux petites villes qu'il vous fera traverser : Noyer, Chablis, Pontigny ou Chaource, qui vous laisseront le souvenir d'une belle région, calme et fière de ses spécialités comme de son histoire.

De vignobles en cathédrales entre CHAMPAGNE ET BOURGOGNE

20

332 km – Durée 2 jours – Ville de départ suggérée : Sens

Renseignements de dernière minute

Arrivée :

Sens sera le point de départ idéal pour ceux qui viennent de Paris qui pourront la rejoindre par l'autoroute A5 (ou bien par les trains de la ligne Paris-Dijon, ce qui ne fait guère qu'une bonne heure de voyage). Venant par le Sud et l'autoroute A6, on pourra rejoindre le circuit dans le vignoble, peu avant Auxerre.

Pour circuler : cartes n°s 61 et 65

Pour visiter : Guides Verts Champagne-Ardenne et Bourgogne Morvan

Où séjourner ? Troyes, Auxerre

Les points forts du circuit

Sens : **cathédrale St-Étienne Trésor de la cathédrale – *Champvallon :* Pressoir – *Laduz :* Musée rural des Arts populaires – *Auxerre :* Cathédrale St-Étienne Ancienne abbaye St-Germain – *Coulanges-la-Vineuse :* – *Irancy :* – *St-Bris-le-Vineux :* – *Noyers :* – *Chablis :* – *Pontigny :* Abbaye – *Chaource :* Église St-Jean-Baptiste – *Troyes :* Vieux Troyes Cathédrale St-Pierre-et-Paul Musée d'Art moderne Maison de l'Outil et de la Pensée ouvrière**

Et si on prenait le temps !

Pourquoi pas, en quittant Sens, consacrer un peu de temps, après Joigny (où l'on prendra plaisir à flâner dans les ruelles parsemées de maisons à pans de bois, tandis que les amateurs d'insolite n'hésiteront pas à faire 25 km pour visiter le musée d'Art brut de Dicy), à La Puisaye, sur les traces de Colette à St-Sauveur ou acheter quelques céramiques à St-Amand ou au château de Ratilly ? On rejoindra la belle cité d'Auxerre et l'on consacrera du temps aux vieilles rues du centre ville et du quartier de la Marine, avant de musarder sur les routes de l'Auxerrois, parmi vignes et vergers. Ça et là, on s'arrêtera pour visiter un agréable village (tel St-Bris-le-Vineux), déguster un cru local (à Irancy, en particulier) ou découvrir des thermes gallo-romains, comme à Escolives-Ste-Camille. Les nombreuses caves de la jolie petite ville de Noyers ne nous feront pas négliger la ville fortifiée avec ses maisons à arcades (on notera que la rue principale se nomme, de façon prometteuse, rue de la Petite-Étape-aux-Vins !) ni son musée consacré à différentes sortes d'art « naïf » avant de rejoindre Chablis, capitale du vin blanc dont on ne manquera pas de faire provision ; en ville ou dans la vingtaine de villages du vignoble que l'on ne manquera pas de parcourir. On pourra s'arrêter à St-Florentin, dont l'église possède de beaux vitraux, avant de pénétrer en Champagne par Chaource, aussi célèbre pour son fromage que pour le magnifique sépulcre de l'église St-Jean-Baptiste. Et, avant de gagner Troyes, on pourra choisir entre deux promenades : l'une autour de la région de production de vin rosé des Riceys, où l'on découvrira les cadoles, ces cabanes circulaires de pierres sèches où s'abritaient les vignerons, l'autre dans le pays d'Othe parmi de verdoyants paysages que parcourent de nombreux sentiers.

les « **Plus** »

DÉCOUVERTE

Cela pourra être, pour les amoureux de la nature, le parc naturel de la forêt d'Orient, aux portes de Troyes, avec ses lacs, son parc animalier, sa réserve ornithologique et ses sentiers, sans oublier les villages qui possèdent de jolies églises, parfois à pans de bois ; ou, plus au Nord, le lac du Der-Chantecoq, plus grand lac artificiel de France et base nautique, avec Ste-Marie-du-Lac-Nuisement où l'on pourra visiter plusieurs bâtiments à pans de bois, sauvés de l'engloutissement et reconstruits ici.

Nulle part ailleurs...

C'est une procession en l'honneur de saint Vincent, patron des vignerons, dans le chablisien. Sa particularité ? Si sa date est chaque année fixée au dernier week-end de janvier, elle n'a jamais lieu deux années de suite au même endroit, et fait le tour des villages de la région. D'où son nom, la St-Vincent tournante.

Vercingétorix, saint Bernard, les « grands ducs d'Occident », ces grands hommes ont marqué les riches terres du Dijonnais, laissant derrière eux ouvrages militaires, lumineuses abbayes et somptueux châteaux Renaissance qui nous content les grandes heures de leur histoire.

BOURGOGNE

des châteaux et des abbayes

21

322 km – Durée 3 jours
Ville de départ suggérée : Dijon

Renseignements de dernière minute

Arrivée :

Selon qu'on vient du Nord ou du Sud, par l'autoroute A6, on pourra rejoindre le circuit à Pouilly-en-Auxois au Sud ou à Vézelay, au Nord. À moins qu'on ne préfère commencer l'itinéraire par la visite de Dijon que l'on peut atteindre en train (ligne Paris-Lyon) ou en voiture par l'autoroute A5 (échangeur de Beaune pour les méridionaux, à Langres pour ceux qui arrivent du Nord).

Pour circuler : carte n° 69

Pour visiter : Guide Vert Bourgogne-Morvan

Où séjourner ? Tonnerre, Avallon, Semur-en-Auxois, Dijon

Les points fort du circuit

Dijon : **Palais des Ducs et États de Lorraine** – ***Alise-Ste-Reine :*** **Mont Auxois (site d'Alésia)** – ***Abbaye de Fontenay :*** – ***Ancy-le-Franc :*** **Château** – ***Tanlay :*** **Château** – ***Vézelay :*** **Basilique Ste-Madeleine** – ***Avallon :*** **Ville fortifiée** – ***Époisses :*** **Château** – ***Semur-en-Auxois :*** **Église Notre-Dame** **Remparts**

Et si on prenait le temps !

Il y a tant à voir et à faire qu'il serait vraiment dommage de ne pas prendre son temps : la capitale des grands ducs de Bourgogne est une cité d'art et le musée, installé dans le palais possède une fabuleuse collection de peintures et les tombeaux des Valois, provenant de leur nécropole de la chartreuse de Champmol, chefs-d'œuvre de sculpture médiévale. Mais Dijon possède d'autres titres d'intérêt, de ses vieilles rues au Puits de Moïse, du musée Amora qui dissipera bien des mystères à propos de la moutarde à celui qui est consacré à la vie bourguignonne et il serait bien dommage de ne pas déjeuner (en prenant, bien sûr, un kir en apéritif) dans cette capitale gourmande ou, tout au moins, de ne pas y faire quelques emplettes de spécialités locales (pains d'épices, moutarde, crème de cassis) avant de prendre la route ! Celle-ci pourrait conduire les Parisiens à découvrir avec émotion les sources de la Seine dans un vallon verdoyant, non loin du site de la bataille d'Alesia (d'où l'on découvrira un beau panorama) et ceux d'entre vous qui ont du goût pour les curiosités ne manqueront pas de visiter le château de Bussy-Rabutin, décoré avec originalité par un proscrit quelque peu aigri par ses mésaventures ! Abbayes et châteaux se succèdent jusqu'à Vezelay qu'il sera fort agréable de rejoindre en flânant, avant Avallon, dans la vallée de la Cure (canoéistes, à vos kayaks !) ou celle du Cousin avec ses gorges, ses moulins transformés en hôtelleries (moulin des Ruats), ses églises romanes, comme à Pontaubert. Bien entendu, la ville et la basilique de Vézelay, dans leur écrin de verdure, sauront nous retenir, mais Avallon, enserrée dans ses remparts, un peu méconnue, est une ville qui mérite d'être explorée et les gourmets, attirés par le fameux fromage, rejoindront volontiers les amateurs d'architecture autour du château d'Époisses !

les « Plus »

DÉCOUVERTE

Le Parc naturel du Morvan, au Sud d'Avallon, mérite d'être découvert : sentiers, arboretum, lac artificiel des Settons, cascades et rochers, agréables cités comme Château-Chinon ou Saulieu, ville natale du sculpteur animalier Pompon, il recèle bien des surprises qui sauront vous retenir sur une terre naguère fameuse pour ses nourrices.

Nulle part ailleurs...

... sans doute, on ne mange aussi bien : de l'universel bœuf bourguignon, aux œufs pochés en meurette, du jambon au saupiquet (sauce à base de vin et de crème) à la pauchouse, des soupes de poisson de la Somme au vin blanc aux escargots, il y en a pour tous les goûts, et bien sûr, on dispose sur place d'assez de grands crus pour accompagner dignement toutes ces succulentes spécialités.

La renommée de l'ancien duché de Bourgogne est indissociable de son vignoble qui a acquis ses lettres de noblesse sur les plus grandes tables du monde. Liés à une cuisine de qualité, les grands crus de la Côte contribuent à faire de cette région un des hauts lieux de la gastronomie française.

Les grands crus de BOURGOGNE

22

145 km – Durée 2 jours
Ville de départ suggérée : Dijon

Renseignements de dernière minute

Arrivée :

En arrivant par l'autoroute A6, on pourra rejoindre le circuit à partir de Beaune ou à l'Archéodrome que l'on atteindra depuis l'aire de Beaune-Tailly (sens Paris-Province) ou Beaune-Merceuil, dans l'autre sens. À moins qu'on ne préfère commencer l'itinéraire par la visite de Dijon que l'on peut atteindre en train (ligne Paris-Lyon) ou en voiture par l'autoroute A5 (échangeur de Beaune pour les méridionaux, à Langres pour ceux qui arrivent du Nord).

Pour circuler : carte n° 243

Pour visiter : Guide Vert Bourgogne-Morvan

Où séjourner ? Beaune, Chagny

Les points forts du circuit

Dijon : **Palais des Ducs et des États de Bourgogne** – ***Gevrey-Chambertin :*** – ***Clos-Vougeot :*** – ***Nuits-St-Georges :*** – ***Aloxe-Corton :*** – ***Beaune :*** **Hôtel-Dieu Musée du Vin de Bourgogne** – ***Pommard :*** – ***Volnay-Meursault :*** **Archéodrome de Bourgogne** – ***Puligny-Montrachet :*** – ***Rochepot :*** **Château**

Et si on prenait le temps !

Voilà un itinéraire qu'on se propose d'explorer avec gourmandise et en lui consacrant le temps qu'il faudra. La route qu'on prendra entre Dijon et Beaune est, en outre fort agréable, traversant un paysage de collines recouvertes de vignes et des villages dont les noms seuls font déjà rêver ! On commencera à se familiariser avec la viticulture, en visitant à Chenôve la cuverie des ducs de Bourgogne, avec ses pressoirs du 13ᵉ s. et le château de Gevrey-Chambertin ne sera peut-être qu'un prétexte de halte. On s'amusera, à Brochon, de traverser le village de Stéphen Liégeard, l'inventeur de la Côte d'Azur : si le poète n'est pas passé à la postérité, sa création a connu un succès qui dépassait probablement ses espérances ! À Reulle-Vergy, on visitera un intéressant musée des Arts et traditions des Hautes-Côtes qui illustre la vie quotidienne du temps jadis ainsi que le travail de la vigne, et à Nuits-St-Georges, on visitera peut-être le musée, installé dans une ancienne maison de vins... Mais on changera de sujet avec les fameuses falaises de Comblanchien, faites d'un calcaire dur qu'on emploie parfois à la place du marbre et, à Aloxe-Corton, on apprendra que Charlemagne a fait partie des vignerons locaux ! Beaune sera bien sûr le cadre d'une étape et la visite du merveilleux hôtel-Dieu (on ne manquera surtout pas l'extraordinaire polyptique du Jugement dernier de Roger van der Weyden), ne saurait nous distraire de notre préoccupation que le musée du Vin de Bourgogne ne fera que renforcer et que les bars à vin, nombreux dans les ruelles anciennes, nous permettront d'assouvir en toute tranquillité, une fois la voiture remisée pour la nuit ! La visite matinale de l'intéressant archéodrome pourra précéder un véritable repas romain et le magnifique château de La Rochepot précédera le retour à Dijon parmi d'autres lieux réputés dont le Clos-Vougeot, château appartenant à la confrérie des chevaliers du Tastevin !

les « **Plus** »

DÉCOUVERTE

Au-delà de La Rochepot, la ville romaine d'Autun est à découvrir ; non pas tant pour les vestiges de sa splendeur antique que pour l'extraordinaire tympan sculpté de la cathédrale St-Lazare et le musée Rolin. Non loin, un sentier nous conduira à la cascade de Brisecou et l'on pourra poursuivre notre escapade jusqu'au mont Beuvray où était établi l'oppidum de Bibracte et y visiter le centre archéologique.

Nulle part ailleurs...

La célèbre vente aux enchères (à la chandelle) des vins des hospices de Beaune, en novembre de chaque année. Cette vente de charité est la 2ᵉ journée des « Trois Glorieuses », la première étant célébrée la veille par les chevaliers du Tastevin au château du Clos-Vougeot, et la dernière, le lendemain, étant consacrée à la « Paulée » de Meursault.

Jalonnée de remarquables églises romanes et de prestigieuses abbayes, la Bourgogne illustre les liens étroits de l'Église et du pouvoir temporel. Cette alliance a donné naissance à d'incomparables joyaux d'art religieux, tels la puissante abbaye de Cluny, « lumière du monde » ou le magnifique écrin de Brou.

Trésors d'art religieux en

BOURGOGNE MERIDIONALE

23

315 km – Durée 2 jours
Villes de départ suggérées : Tournus, Belleville, Mâcon-TGV

Renseignements de dernière minute

Arrivée :

Par l'autoroute, selon que l'on arrive du Nord ou du Sud, sortir à Tournus ou Belleville. À la gare de Mâcon-Loché TGV, vous pourrez louer une voiture et rejoindre l'itinéraire où bon vous semble !

Pour circuler : cartes n°s 243 et 244

Pour visiter : Guide Vert Bourgogne-Morvan

Où séjourner ? Tournus, Cluny, Charolles, Mâcon ou Bourg-en-Bresse

Les points forts du circuit

Bourg-en-Bresse : **Brou** – ***Châtillon-sur-Chalaronne :*** – ***Col des Écharmeaux :*** **Panorama** – ***Charlieu :*** **Abbaye** **Couvent des Cordeliers** – ***La Bénisson-Dieu :*** **Église** – ***Semur-en-Brionnais :*** **Église St-Hilaire** – ***Anzy-le-Duc :*** **Église** – ***Paray-le-Monial :*** **Basilique du Sacré-Cœur** – ***Cluny :*** **Abbaye** – ***Cormatin :*** **Château** – ***Brancion :*** – ***Tournus :*** **Abbaye** – ***St-Trivier-de-Courtes :*** **Cheminées sarrasines**

Et si on prenait le temps...

... on flânerait à Tournus, parmi boutiques d'antiquaires, d'artisans et ateliers d'artistes ou, l'été, on prendrait un bateau remontant la Saône ou la Seille jusqu'à Louhans ! Puis, après Cormatin et l'admirable cabinet de Ste-Cécile, on se poserait, le temps d'une méditation, à Taizé. On pourrait à Cluny visiter le haras national et admirer le clocher de St-Marcel ou rejoindre Charolles par une D17 qui nous ferait connaître le carmel de Hazille, le clocher de Bergesserin, voire (mais là on aurait vraiment le temps !) faire un détour pour admirer le panorama de la butte de Suin. Si l'on appréciait la faïence, on consacrerait quelques heures au musée du prieuré de Charolles et au musée de la Faïence de Paray-le-Monial, histoire de devenir incollable sur ces décors de bouquets qu'accompagnent papillons, libellules et autres insectes... Puis, après Semur, on sillonnerait le Brionnais, et on ferait sonner le réveil à l'aube pour voir le marché aux bestiaux de St-Christophe en Brionnais . Voilà qui nous permettrait de nous attarder au musée de l'Automobile de Chauffailles, puis une fois descendu dans le Beaujolais (bien sûr, on s'abstiendrait de dégustations) d'envisager une escapade vers Villié-Morgan ou Fleurie, avant d'aborder la Bresse et de s'attarder dans le domaine des Planons, installé à St-Cyr-sous-Menthon dans une belle maison bressanne. D'autant que Brou n'est qu'à 25 km ! Mais, hélas, on n'a jamais le temps !

les « **Plus** »

DÉCOUVERTE

Envie de se dégourdir les jambes ? Pourquoi alors ne pas partir à l'assaut de la roche de Solutré, d'où l'on découvrira un paysage étendu sur la Bresse, le Jura, la vallée de la Saône, et s'il fait beau, les Alpes ? D'autant que cette ascension s'accompagnera d'une remontée dans le temps à la recherche de nos lointains ancêtres solutréens dont on découvrira la vie quotidienne dans le musée enterré au pied de la roche.

Nulle part ailleurs...

... on n'aura la possibilité de découvrir tant de bons vins ! Alors, on confiera le volant à un buveur d'eau et on se fera conduire à Pouilly, Fuissé ou Chasselas où, après de studieuses dégustations chez les producteurs, on emplira le coffre de la voiture. Et si le buveur d'eau s'impatiente ? Comment pourrait-il puisqu'on aura pris soin de glisser dans sa poche une édition des Méditations du mâconnais Lamartine ?

Avec leurs centres de soins rénovés, leurs beaux parcs, leurs hôtels qui prennent l'allure de palaces, les villes d'eaux de Lorraine ne manquent pas de charme, d'autant que la campagne environnante, reposante, verdoyante et faiblement montagneuse est pleine d'attraits.

Les villes thermales des VOSGES

24

234 km – Durée 2 jours
Ville de départ suggérée : Épinal

Renseignements de dernière minute

Arrivée :

Par Metz et Nancy, on atteindra Épinal en empruntant l'autoroute, puis la voie rapide. À moins qu'on ne préfère attaquer l'itinéraire par Vittel et Contrexéville que l'on peut rejoindre, du Sud, à partir de l'échangeur de Beaune en prenant l'autoroute A5 puis, à Langres, l'A 31.

Pour circuler : carte n° 242

Pour visiter : Guide Vert Alsace-Lorraine et Jura-Franche-Comté

Où séjourner ? Luxeuil-les-Bains, Contrexéville

Les points forts du circuit

Épinal : **Musée départemental d'Art ancien et contemporain Vieille ville** – ***Bains-les-Bains :*** – ***Plombières-les-Bains :*** – ***Luxeuil-les-Bains :*** **Hôtel du cardinal Jouffroy Hôtel des Échevins Ancienne abbaye St-Colomban** – ***Bourbonne-les-Bains :*** – ***Contrexéville :*** – ***Vittel :***

Et si on prenait le temps !

On ne manquera pas de le faire, dès la sortie d'Épinal où l'on aura consacré quelques minutes à l'histoire de l'imagerie dans le musée d'Art et dans l'écomusée où l'on pourra suivre les techniques de fabrication des fameuses images ; par exemple, en suivant jusqu'à Remiremont la haute vallée de la Moselle, passant par la papeterie d'Arches et abandonnant la voiture pour suivre un sentier jusqu'à la Tête des Cuveaux ; ou en décidant de visiter la vallée des Roches avec ses cascades. Après avoir marché dans les sentiers balisés de la forêt de Fossard, et rejoint Plombières par la N57, on empruntera les jolies vallée de l'Augronne et de la Semouse avant d'atteindre la belle cité de Luxeuil et, pourquoi pas, en découvrir l'histoire et les monuments en empruntant le « sentier des Gaulois », de 4 km de long. Remontant après Bourbonne vers le Nord (après avoir fait un détour vers la cité fortifiée de Châtillon-sur-Saône et flâné dans les rues que bordent de beaux hôtels), on aura tout loisir de s'attarder longuement dans la forêt de Darney, renommée pour ses chênes. On pourra y marcher, y découvrir l'étonnante roche druidique du Cuveau des Fées, se rendre à Vioménil aux sources de la Saône ou visiter un insolite musée tchécoslovaque à Darney : c'est là en effet, qu'en 1918, fut proclamée l'indépendance de la Tchécoslovaquie ! Ou bien, autour de Contrexéville et Vittel, parcourir les forêts épaisses de la Vôge, avec en particulier le vieux bourg de Monthureux-sur-Saône et les étroites gorges de la Gabionne avant une pause à Vittel où, à défaut de consommer l'eau, on pourra en visiter l'impressionnante usine d'embouteillage... à moins qu'on ne préfère celle de Contrexéville dont le centre thermal, de style néo-byzantin, ne manque pas d'allure !

les « **Plus** »

DÉCOUVERTE

Ce sera, au Sud de Luxeuil, faire une escapade jusqu'à Vesoul et emprunter la route de la moyenne vallée de la Saône qui vous permettra de découvrir le superbe village de Chariez, le château de Rupt-sur-Saône ou l'église de Beaujeu où vous découvrirez une mairie-lavoir construite sur le modèle d'une villa italienne.

Nulle part ailleurs...

C'est vraiment la terre de l'eau minérale ! Vittel conditionne et exporte plus de 5 millions de bouteilles par jour, quant à Contrexéville, la vertu de ses eaux est reconnue depuis le milieu du XVIIIe siècle et la station, aujourd'hui spécialisée dans les « séjours minceur » fut fréquentée par le Gotha, en particulier à la Belle Époque.

Villages fleuris enchâssés dans les vignes, sommets couronnés de châteaux forts et de ruines romantiques, villes rayonnantes comme Strasbourg ou Colmar, l'Alsace a conservé des traditions bien vivantes et conquis de nombreux palais par la qualité de sa table.

Villes et villages pittoresques D'ALSACE

25

384 km – Durée 3 jours
Ville de départ suggérée : Strasbourg

Renseignements de dernière minute

Arrivée :

À Strasbourg, en avion ou en train ; ou bien en voiture, venant de Paris par l'autoroute A4, via Reims et Metz (vous pourrez alors quitter l'autoroute à Saverne, si vous le souhaitez) ; ou bien venant du Sud, par la Franc-Comtoise, de Beaune à Mulhouse, puis, à partir de là, par la A35.

Pour circuler : carte n° 87

Pour visiter : Guide Vert Alsace-Lorraine

Où séjourner ? Kaysersberg, Obernai, La Petite-Pierre, Colmar

Les points forts du circuit

Strasbourg : **Cathédrale Notre-Dame La cité ancienne Musée alsacien Musées du palais Rohan –** ***Colmar :*** **Musée d'Unterlinden La ville ancienne La Petite Venise –** ***Kaysersberg :*** **Église Vieilles maisons –** ***Riquewihr :*** **–** ***Ribeauvillé :*** **Grand'rue –** ***Château du Haut-Kœnigsbourg :*** **–** ***Sélestat :*** **Vieille ville –** ***Obernai*** **: Place du marché –** ***Saverne :*** **Château Maisons anciennes –** ***La Petite-Pierre :*** **–** ***Bouxwiller :*** **Musée du pays de Hanau –** ***Hunspach :*** **–** ***Seebach :*** **–** ***Wissembourg :*** **Vieille ville**

Et si on prenait le temps !

Il y a tant à voir et à découvrir que, pour un peu, on ne saurait où donner de la tête ! Que privilégier ? La découverte de Strasbourg avec sa merveilleuse cathédrale, ses musées (dont un tout nouveau consacré à l'art contemporain), mais aussi le quartier de la Petite France que vous pourrez découvrir depuis l'eau, en faisant une promenade en vedette sur l'Ill ? Et que dire de la magnifique cité de Colmar, avec le fameux retable d'Issenheim de Grünewald, un musée consacré à Bartholdi, l'auteur de la statue de la Liberté, et la Petite Venise que vous visiterez à pied ou en bateau ? Ou bien les petites villes fleuries, telles que Kaysersberg, Ribeauvillé ou Obernai, qui ont conservé un cachet médiéval et qui dépaysent sûrement le visiteur qui arrive en Alsace pour la première fois ? À moins que vous ne préfériez partir à la découverte de villages, au hasard de votre route : citons, autour de Colmar, Kientzheim, Niedermorschwihr (dans le vignoble), Benwihr ou Bergheim...
Mais peut-être préférez vous les forteresses, tels que l'impressionnant nid d'aigle des Hohenstaufen, le Haut-Kœnigsbourg ? Vous préférez marcher ? pourquoi ne pas rejoindre par la vallée de Munster, elle aussi parsemée de superbes villages, la maison du Parc naturel des ballons des Vosges, à Munster, y étudier les circuits de découverte qui y sont proposés et rejoindre par le col de la Schlucht le lac Vert ou le Gazon du Faing que des sentiers balisés vous permettront de parcourir, avant que vous ne rentriez par le col du Bonhomme ? Ou bien, à Muhlbach-sur-Munster, après avoir visité le musée de la Schlitte qui vous rappellera l'époque des traîneaux de bois, ne pas gagner à pied le vallon isolé de la Wormsa ou atteindre le romantique lac de Fischboedle ?

les « Plus »

DÉCOUVERTE

Cela sera, à la limite de la Lorraine, découvrir la région de Dabo-Wangenbourg, avec ses paysages tourmentés, l'agréable vallée de la Zorn, l'étonnant rocher de Dabo et la charmante station de Wangenbourg, lieu de séjour qui peut être le point de départ de maintes promenades... d'autant que les sentiers sont munis de bancs de repos...

Nulle part ailleurs...

Les cigognes, liées à l'imagerie que l'on se fait de l'Alsace : elles reviennent chaque année au printemps, de moins en moins nombreuses, en particulier à cause des lignes à haute tension, et consolident aussitôt leur nid qui peut peser jusqu'à une demie tonne, donnant ainsi aux toits leur allure caractéristique.

Entre les plateaux du Jura et la masse imposante du ballon d'Alsace, la trouée de Belfort a été, pendant longtemps, le chemin des invasions. Les souvenirs guerriers, une longue tradition industrielle et des paysages contrastés en font, aujourd'hui, un but de découverte apprécié.

De l'Ill à la Savoureuse, la trouée de BELFORT

26

213 km – Durée 2 jours
Ville de départ suggérée : Mulhouse

Renseignements de dernière minute

Arrivée :

Peut-être le plus simple est-il, si l'on vient de loin de gagner Mulhouse en avion (aéroport de Mulhouse-Basel) et d'y louer une voiture ? En voiture, venant du Sud, vous pourrez prendre à l'échangeur de Beaune l'autoroute la Franc-Comtoise et commencer votre circuit à Sochaux ou Montbéliard ; si vous venez du Nord, vous pourrez atteindre Mulhouse par l'A4 jusqu'à Metz, puis par Nancy et la N68 qui vous conduira à Thann.

Pour circuler : carte n° 87

Pour visiter : Guides Verts Alsace-Lorraine et Jura-Franche-Comté

Où séjourner ? Belfort, Thann

Les points forts du circuit

Mulhouse : **Hôtel de ville Musée historique Musée national de l'Automobile Musée français du Chemin de fer Électropolis Musée de l'Impression sur étoffes** – ***Le Sundgau :*** – ***Sochaux :*** **Musée Peugeot** – ***Montbéliard :*** **Vieux Montbéliard** – ***Belfort :*** **Le Lion Camp retranché Vieille ville** – ***Ronchamp :*** **Notre-Dame-du-Haut** – ***Ballon d'Alsace :*** **Panorama** – ***Thann :*** **Collégiale St-Thiébaut**

Et si on prenait le temps !

Ville de vieille tradition industrielle, Mulhouse ravira ceux d'entre vous qui s'intéressent à l'histoire des techniques : des transports aux « indiennes », de l'électricité au papier peint... Ces industries ont généré un habitat original, dont il reste quelques traces : le Nouveau Quartier, avec son allure monumentale, destiné aux entrepreneurs, et les cités-jardins ouvrières, visibles dans le quartier de la Cité. Si vous préférez vous « mettre au vert », un circuit dans le Sundgau, autour d'Altkirch, vous permettra de découvrir lacs et forêts, ainsi que de charmants villages aux maisons à colombage, tels que Bouxwiller ou Grentzingen, de visiter à Oltingue la maison du Sundgau (avec sa collection de moules à kougelhopf) et également de vous dégourdir les jambes sur les sentiers, avant d'entrer en Franche-Comté. Chaleureux, le vieux Belfort sera le prétexte à d'agréables flâneries que pourront prolonger des promenades : sur les hauts de Belfort d'où vous découvrirez de beaux panoramas sur les Vosges, à l'étang des Forges où un sentier écologique vous permettra d'apercevoir foulques, grèbes huppés ou blongios nains, et, retour aux traditions industrielles, la forge-musée d'Étueffont qui demeura en service jusqu'en 1975. Quelques idées autour de l'agglomération de Montbéliard-Sochaux : saviez-vous que Mandeure abrite les vestiges d'un théâtre romain ? Et que vous pouvez visiter à Montéréchoux un curieux musée de la Pince ? Si Ronchamp est connue grâce à la chapelle de Le Corbusier, une visite au musée de la Mine complétera votre information sur l'économie de la région, mais aussi sur la vie quotidienne des mineurs, souvent d'origine polonaise, avant que vous ne retourniez à Mulhouse par le ballon d'Alsace, en découvrant de magnifiques paysages.

les « Plus »

DÉCOUVERTE

Après avoir franchi le ballon d'Alsace, vous pourrez, avant de retrouver Mulhouse, effectuer un détour par la route des Crêtes et rejoindre Thann par la D430, découvrant au passage le jardin d'Altitude du Haut-Chitelet, le Hohneck et le Grand Ballon : ou bien emprunter, plus au Nord, la vallée fleurie de Guebwiller où vous pourrez parcourir la forêt à pied dans une zone interdite aux voitures ; et pourquoi pas, à partir de Guebwiller, enchaîner par la route des Vins et terminer par une visite du point de découverte du vignoble et des vins d'Alsace de Thann ?

Nulle part ailleurs...

Farine, beurre, œufs, lait sucré, raisins secs et amandes, tels sont les ingrédients du fameux kougelhopf, gâteau traditionnel alsacien. Mais si on le connaît bien un peu partout, on ignore généralement qu'il peut avoir des formes très différentes, suivant la fête qu'il contribue à souhaiter : c'est ce que vous découvrirez avec la collection de moules à kougelhopf exposée dans la maison du Sundgau d'Oltingue.

Au pays de l'Anjou blanc (Baugeois et Saumurois), ponctué de châteaux et d'abbayes, les grands vignobles s'épanouissent. comme au Moyen Âge, dans le secret des caves troglodytiques, les grands crus vieillissent doucement...

Au pays des CAVES DEMEURANTES

27

200 km – Durée 2 jours
Ville de départ suggérée : Angers

Renseignements de dernière minute

Arrivée :

On arrivera à Angers commodément par le TGV ; pris à Paris-Montparnasse ; ou bien par la route avec l'autoroute A11, par Chartres et Le Mans ; ou encore par l'autoroute A10 (L'Aquitaine) que l'on quittera, qu'on vienne du Sud ou du Nord, à Tours pour suivre la vallée de la Loire jusqu'à Bourgueil qui sera alors le point de départ de l'itinéraire.

Pour circuler : carte n° 232

Pour visiter : Guide Vert Châteaux de la Loire

Où séjourner ? Saumur, Doué-la-Fontaine, Angers

Les points forts du circuit

Angers : **Château Tentures et tapisseries Cathédrale St-Maurice –** ***Brissac :*** **Château –** ***Cunault :*** **Église –** ***Saumur :*** **Château Musée des Blindés École nationale d'équitation Caves troglodytiques –** ***Bourgueil :*** **–** ***Montsoreau :*** **Panorama Village troglodytique de Turquant –** ***Fontevraud :*** **Abbaye –** ***Montreuil-Bellay :*** **Château –** ***Doué-la-Fontaine :*** **Zoo en site troglodytique –** ***Serrant :*** **Château**

Et si on prenait le temps...

... ce sera la meilleure façon de profiter de la douceur angevine en musardant le long des rives de la Loire ; sur la rive gauche, découvrir au passage, après Brissac, l'abbaye bénédictine de St-Maur-de-Glanfeuil, l'ancien port et le village de Le Thoureil, l'église romane de Trèves-Cunault et, non loin, celle de Chênehutte-les-Tuffeaux ou, avant d'arriver à Saumur le village viticole de St-Hilaire-St-Florent : la dégustation de Saumur brut dans les galeries troglodytiques du producteur Bouvet-Ladubay pourra précéder la découverte d'une exposition d'art contemporain. Autour de Bourgueil, on pourra poursuivre notre flânerie dans le village vigneron de Restigné, découvrir le très joli château des Réaux ou s'initier à la vie des bateliers au musée des Mariniers de l'ancien port de Chouzé-sur-Loire. Au Sud, on visitera avec émotion le musée des Commerces anciens de Doué, on ne manquera pas le zoo, en raison de son site tout à fait particulier, on fera le tour des villages troglodytiques : Louresse-Rochemenier, la Fosse et l'étrange caverne sculptée de Dénézé-sous-Doué...

On pourra prendre la vallée du Layon, avec ses moulins, ses vignes et ses vergers (peut-être se laissera-t-on tenter par une bouteille de coteaux du Layon ?), découvrant des villages tel que Passavant, avec ses tuiles romaines, avant de retrouver l'ardoise à Villeneuve-la-Barre, Aubigné-sur-Layon ou Rablay que les artistes ont investi ; le musée de la Vigne et du Vin d'Anjou de St-Lambert-du-Lattay retiendra notre attention, ainsi que les ruines de la forteresse du Château de la Haute-Guerche. On s'attardera sur la Corniche angevine, découvrant de très belles vues, et d'agréables petites cités, comme Rochefort-sur-Loire, Chalonnes, Ancenis et Champtoceaux. Peut-être, après Ingrandes, ira-t-on à Champtocé-sur-Loire découvrir les ruines du château du sinistre Gilles de Rais, avant de rentrer à Angers, parce qu'il le faut bien...

les « Plus »

DÉCOUVERTE

Ce sera au Nord de la Loire, découvrir à la sortie d'Angers, le château de Pignerolle et son remarquable musée européen de la Communication, puis plus loin, celui de Montgeoffroy qui a conservé son mobilier d'origine, ou encore, non loin de Saumur, celui de Boumois. Ou bien, autour de Baugé, découvrir les curieux clochers des églises de Cuon, Fontaine-Guérin et Le Vieil-Baugé, ainsi que la forêt de Chandelais.

Nulle part ailleurs...

La tapisserie n'est aussi présente dans une ville qu'à Angers. Il y a bien sûr l'extraordinaire tenture de l'Apocalypse, la tenture de la passion et les tapisseries mille-fleurs conservées au château ; mais aussi, et ce n'est pas un hasard, le musée Jean-Lurçat avec sa fameuse série de dix-sept tapisseries intitulées le Chant du Monde et, non loin, le centre régional d'Art textile où vous pourrez voir des liciers à l'œuvre, voire, si vous le souhaitez, effectuer un stage d'initiation.

Le « plus bel épi » de l'immense terre à blé de la Beauce est le point de départ d'un voyage à travers les calmes paysages de la vallée du Loir. Prairies, bois et landes, auxquels s'ajoutent les coteaux de tuffeau troués d'habitations troglodytiques, jouent avec les manoirs de poètes, les ruines féodales et les châteaux richement meublés.

Horizons méconnus du JARDIN DE LA FRANCE

28

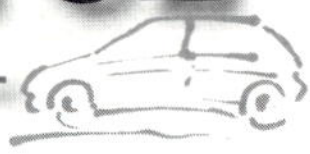

369 km – Durée 2 jours – Ville de départ suggérée : Chartres

Renseignements de dernière minute

Arrivée :

Pour qui vient de Paris (à 83 km), Chartres est facilement accessible par l'autoroute A11 depuis la Porte d'Orléans. Venant du Centre et du Sud par l'autoroute A 71, on pourra la quitter à Orléans, emprunter la N1578 et commencer notre itinéraire à Vendôme ; de Bretagne, l'A81 nous conduira directement au Mans ; du Sud-Ouest, enfin, on pourra arriver par l'A10 qu'on quittera à Tours et rejoindre le circuit à Château-du-Loir ; ou bien, par Nantes et Angers, nous y raccorder à hauteur de La Flèche.

Pour circuler : cartes n°s 60, 64

Pour visiter : Guides Verts Île-de-France et Châteaux de la Loire

Où séjourner : Chartres, Le Mans

Les points forts du circuit

Chartres : **Cathédrale** – ***Châteaudun :*** **Château** – ***Montigny-le-Gamelon :*** **Château** – ***Vendôme :*** **Église abbatiale** – ***La Possonière :*** **Manoir de Ronsard** – ***Le Lude :*** **Château** – ***La Flèche :*** **Prytanée militaire** – ***Solesmes :*** **Abbaye St-Pierre** – ***Le Mans :*** **Le Vieux Mans** **Cathédrale St-Julien** **Abbaye de l'Épau**

Et si on prenait le temps !

Après avoir consacré au Vieux Chartres une agréable promenade au cours de laquelle on n'aura pas manqué de visiter le grenier de Loëns et, si l'on s'intéresse à l'agriculture, le remarquable COMPA (COnservatoire du Machinisme et des Pratiques Agricoles), tandis que les férus d'art brut trouveront leur bonheur à la maison Picassiette, on pourra, depuis Châteaudun, découvrir les peintures murales de l'église de Lutz, avant de suivre avec nonchalance les méandres de la belle vallée du Loir, ancien Chemin de St-Jacques, ce dont témoignent chapelles et prieurés comme à Villiers-sur-Loir ou Troo, et parsemée de villages troglodytiques tels que Rochambeau ou les Roches-l'Évêque. Ronsard nous y accompagnera de la bucolique Isle-Verte où il souhaitait être enterré à Couture où sont placés les gisants de ses parents et à la Possonnière où il naquit, mais aussi dans ces paysages charmants que ses vers ont si souvent chantés. Parmi les vignobles (occasion d'emplettes, à Marçon, par exemple), on atteindra Le Lude (et si on a la chance d'y passer en juillet et août, peut-être assistera-t-on au somptueux son et lumière) et après l'émotion du chant grégorien entendu à Solesmes, on se posera au Mans, capitale de l'automobile. On rentrera en musardant de part et d'autre de l'autoroute, entre Perche et Beauce, découvrant ainsi La Conneré, capitale des rillettes, l'agréable Montfort-le-Gesnois, La Ferté-Bernard, Ceton et son église, Illiers-Combray cher aux lecteurs de Proust et la « Danse macabre » de l'église de Meslay-le-Grenet.

les « **Plus** »

DÉCOUVERTE

À l'Est de La Ferté-Bernard, on pourra effectuer un circuit permettant la découverte du Perche-Gouet, avec notamment l'église et le village de Courgenard, le manoir de Courtangis, les châteaux de Semur-en-Vallon et de Montmirail, les églises de St-Ulphace et de la Bazoche, la petite ville de Brou ou encore de belles vues sur la vallée de l'Ozanne depuis la ferme de Rougement ou la butte des Étilleux.

Nulle part ailleurs...

Les 24 heures du Mans, course d'endurance automobile devenue mythique et créée en 1923 (avec, depuis quelques années, des déclinaisons à moto et en camion). À défaut d'assister à l'épreuve, on pourra en parcourir le circuit, avec les fameuses Hunaudières, évoquer la naissance de l'automobile avec Amédée Bollée et son « Obéissante » et visiter le remarquable musée de l'Automobile de la Sarthe.

Dans ce beau pays de « doulce France », il n'est pas un coin de terre qui ne soit chargé d'histoire et n'en ait conservé un témoignage, ferme forte, château royal ou brillante église. Accompagnés parfois par la légende, souvent par l'histoire, saurez-vous flâner à travers ce « grand jardin » parmi monuments de jadis, sites de naguère et champs d'autrefois ?

Les plus beaux

CHÂTEAUX DE LA RENAISSANCE

29

324 km – Durée 3 jours – Ville de départ suggérée : Tours

Renseignements de dernière minute

Arrivée :

Arrivant de Paris par Orléans et l'autoroute A10, vous pourrez commencer votre circuit à Blois (sortie 17) ou à Chambord en sortant à la sortie 16 et en traversant aussitôt la Loire. Venant du Sud-Ouest par Poitiers, toujours par l'A10, vous rejoindrez l'itinéraire à votre choix à Loches ou à Chinon en empruntant la sortie 25, à moins que vous ne préfériez continuer votre route jusqu'à Tours ; depuis Angers, il sera particulièrement agréable de vous rendre à Tours en suivant la vallée de la Loire...

Pour circuler : carte n° 64

Pour visiter : Guide Vert Châteaux de la Loire

Où séjourner ? Blois, Loches, Chinon

Les points forts du circuit

Tours : **Vieux Tours Cathédrale St-Gatien** – ***Amboise :*** **Château** – ***Clos-Lucé :*** – ***Chaumont-sur-Loire :*** **Château** – ***Blois :*** **Château** – ***Chambord :*** **Château** – ***Cheverny :*** **Château** – ***Chenonceau :*** **Château** – ***Loches :*** **Cité médiévale Château Donjon** – ***Chinon :*** **Vieux Chinon Château** – ***Azay-le-Rideau :*** **Château** – ***Ussé :*** **Château** – ***Château de Planchoury :*** **Musée Cadillac** – ***Langeais :*** **Château** – ***Marnay :*** **Musée Maurice-Dufresne** – ***Jardins de Villandry :***

Et si on prenait le temps !

Trois jours risquent de vous sembler bien courts, tant il y a à voir sur cet itinéraire... et dans ses abords ! Et pourtant, quoi de plus agréable que d'emprunter le chemin des écoliers et, dédaignant les routes trop fréquentées et les sentiers trop battus, vous consacrer à des merveilles moins connues ? Ainsi, entre Tours et Blois, écouter un concert ou visiter une exposition dans la grange médiévale de Meslay, visiter à Vouvray ou dans le pittoresque village de Vernou-sur-Brenne, parmi les maisons troglodytiques, quelques caves, découvrir le château Renaissance de Jallanges ; ou bien poursuivre après Blois, le long du fleuve, et découvrir Pompadour, Beaugency et la belle ville de Meung-sur-Loire où Villon connut les oubliettes ; vagabonder en revenant sur l'autre rive, saluant la basilique de Cléry-St-André, le château de Villesavin, la galerie des illustres de Beauregard, le fier château fort de Fougères-sur-Bièvres et l'amusant château enchanté de Roujoux, les maisons anciennes de Montrichard ou l'église de Nanteuil ; ou encore explorer la région entre Loches et Chinon, avec Ste-Catherine-de-Fierbois, Saché avec le château où écrivit Balzac et la maison où vécut Calder, emprunter la pittoresque route de Courtineau et rejoindre l'Île-Bouchard par St-Épain et les Roches-Transchelion. Ou enfin, décidément subjugués par le charme de cette région bénie des dieux, vous attarder dans les environs de Tours, au donjon de Montbazon, à Montlouis ou dans les étranges grottes pétrifiantes de Savonnières.

les « Plus »

DÉCOUVERTE

Cela pourra être, à l'Est de Chambord et, de préférence par une belle journée d'automne, découvrir la Sologne, soit par les sentiers de grande randonnée (mais attention aux chasseurs !), soit en voiture ce qui vous permettra de découvrir Salbris, l'église de Villeherviers, la Locature de la Straize à Gy-en-Sologne et même de visiter un aquarium spécialisé dans la faune aquatique d'eau douce (Aliotis, l'aquarium de Sologne), soit encore en empruntant un train entre Salbris et Luçay-le-Mâle.

Nulle part ailleurs...

Les somptueux spectacles de son et lumière qui redonnent vie, par de belles soirées d'été, aux merveilleux châteaux royaux de la vallée de la Loire : vous pourrez en voir à Amboise, Blois, Chenonceau, Cheverny, Azay-le-Rideau (avec ses Imaginaires remarquables où chacun est à la fois visiteur et spectateur et évolue en suivant son inspiration) ou Loches...

Ce circuit vous permettra de traverser ces paysages aux « teintes vigoureuses et sombres... les horizons mélancoliques et profonds » que la châtelaine de Nohant s'est plu à dépeindre. Chemin faisant vous découvrirez avec étonnement les sites, presque intacts, qui ont servi de toile de fond à ses récits berrichons.

L'INDRE

romantique de George Sand

30

269 km – Durée 2 jours
Ville de départ suggérée : Châteauroux

Renseignements de dernière minute

Arrivée :

Depuis Paris, on rejoindra l'itinéraire en empruntant l'autoroute A10 jusqu'à Orléans puis la A71 jusqu'à Vierzon et enfin l'autoroute A20 qu'on pourra quitter à hauteur de Bourges. Venant de l'Ouest, on suivra la vallée de la Loire jusqu'à Tours et l'on pourra atteindre Buzançais par la N164, via Loches. Quant aux Méridionaux, ils pourront emprunter l'A71 à Clermont-Ferrand et la quitter à hauteur de Montluçon pour rejoindre La Châtre par la D943.

Pour circuler : carte n° 238

Pour visiter : Guide Vert Berry-Limousin

Où séjourner ? La Châtre, Buzançais

Les points forts du circuit

Châteauroux - Nohant : **Château** – ***La Châtre :*** **Donjon (Musée George sand)** – ***Sarzay :*** **Château** – ***Varennes :*** **Abbaye** – ***Neuvy-St-Sépulchre :*** **Basilique** – ***Châteaubrun :*** **Site** – ***Gargilesse-Dampierre :*** **Refuge de George Sand « Algira »** – ***Argenton-sur-Creuse :*** **Musée de la Chemiserie** – ***St-Marcel :*** **Vestiges d'Argentomagus** – ***Valençay :*** **Château** – ***Bouges :*** **Château** – ***Villegongis :*** **Château**

Et si on prenait le temps !

On gagnera dès le matin la forêt de Châteauroux, découvrant au choix sentier botanique ou parcours sportif ; auxquels on accédera par le carrefour de l'Orangeons sur la D67. On s'attardera dans la jolie vallée de la Bouzanne, découvrant l'étang de Berthommiers et de belles églises comme celles de Saint-Martin ou de Sassierges-St-Germain. On marchera sur les traces de l'auteur de *La Mare au diable* en son château et en son musée mais aussi sur les terres qui servirent de cadre à son œuvre dans la vallée de l'Indre, avec les superbes fresques de l'église de Vic, le château de Lys-St-Georges, l'abbaye de Varennes et, après Sarzay, le moulin d'Angibault ; ou bien encore, on poursuivra jusqu'à Ste-Sévère-sur-Indre avant de prendre à l'Ouest vers les ruines de la place forte de Crozant où l'on pourra effectuer une promenade en vedette sur le lac d'Éguzon. Ce pourra être le prétexte d'une agréable flânerie dans la vallée de la Creuse, le long de la D40 jusqu'à Argenton, où l'on découvrira le lac de Chambon, la cité d'Éguzon, la forteresse de Châteaubrun qui, comme Gargilesse où elle s'installa, inspira Aurore Dupin, la belle « Boucle » du Pin, méandre de la Creuse parmi les rochers ; et, décidément d'humeur vagabonde, on s'attardera après Buzançais sur la route des châteaux du Boischaut et de la champagne Berrichone, avec Argy, la lanterne des morts de St-Genou, les souvenirs de Giraudoux et Bernanos à Pellevoisin avant de redescendre sur Châteauroux sans omettre un arrêt à Levroux.

les « Plus »

DÉCOUVERTE

Ce sera, à partir d'Issoudun, effectuer plusieurs brefs circuits : l'un nous conduira dans les belles forêts de Chœurs et de Bommiers avec le moulin de Nouan, la tour de la Croisette et l'abbaye de Chezal-Benoît ; un autre, dans les hautes vallées de l'Arnon et de la Théols, nous permettra de faire connaissance avec Charost, le charmant village de Diou et Reuilly où l'on ne manquera pas de déguster un verre de l'excellent sauvignon local.

Nulle part ailleurs...

La cuisine berrichone, simple et rustique, à base de produits de la ferme : soupe au pain, « poulet en barbouille » arrosé d'un mélange de sang, de crème, d'œufs et de foie pilé, lapin farci, œufs au vin, pâté de citrouillat, « bourre-chrétien » qui mérite bien son nom (pommes de terre enrobées de pâte) ou galette « aux grillons », telles sont quelques-unes des spécialités locales.

C'est l'un des plus vieux terroirs de France, riche de légendes et de monuments, mais aussi d'un vignoble que vous vous plairez à déguster (d'abord) du regard, de l'amorce des côtes crayeuses du Sancerrois aux pentes douces du Nivernais.

Calmes horizons du BERRY ET DU NIVERNAIS

31

338 km – Durée 2 jours – Ville de départ suggérée : Bourges

Renseignements de dernière minute

Arrivée :

On atteindra Bourges depuis Paris en prenant l'autoroute A10 jusqu'à Orléans, puis la A71 (sortie n° 7), à moins qu'on ne préfère commencer le circuit par le Nord et rejoindre Gien depuis Orléans en suivant les bords de la Loire. Depuis le Sud, on suivra l'autoroute A71 jusqu'à la sortie 9, à quelques kilomètres d'Épineuil.

Pour circuler : carte n° 238

Pour visiter : Guides Verts Berry-Limousin, Bourgogne-Morvan et Châteaux de la Loire

Où séjourner ? Gien, Bourges, Tronçais

Les points forts du circuit

Bourges : **Cathédrale St-Étienne Palais Jacques-Cœur Hôtels anciens Maisons anciennes** – ***Meillant :*** **Château** – ***Noirlac :*** **Abbaye** – ***Épineuil-le-Fleuriel :*** **École du Grand Meaulnes** – ***Tronçais :*** **Forêt** – ***Nevers :*** **Cathédrale St-Cyr-et-Ste-Juliette Palais ducal** – ***La Charité-sur-Loire :*** **Église Notre-Dame** – ***Pouilly-sur-Loire :*** – ***Sancerre :*** – ***Briare :*** **Pont-canal** – ***Gien :*** **Musée international de la Chasse** – ***Blancafort :*** **Musée de la Sorcellerie** – ***La Verrerie :*** **Château** – ***Mennetou-Salon :***

Et si on prenait le temps !

On se laissera prendre par le charme de la ville de Bourges : ses ruelles avec leurs maisons médiévales, leurs vieux hôtels et, bien sûr, sa superbe cathédrale : mais Bourges n'est pas seulement un conservatoire du Moyen Âge, mais une ville qui bouge, jeune et animée (comme en témoigne son fameux « Printemps ») où la musique est toujours présente et cela ne fait qu'ajouter à ses attraits. Ajoutons que les amateurs d'art contemporain pourront découvrir dans l'écrin de l'hôtel des Échevins le superbe musée consacré à Maurice Estève, tandis que les botanistes pourront aller flâner dans les allées fleuries des Prés-Fichaux. Prenant la direction du Sud, on s'attardera avec plaisir autour de St-Amand-Montrond dans le grand bois de Meillant, centre de la France ainsi que le proclame fièrement la commune de Bruère-Allichamps. Mais il sera temps, après avoir salué le grand Meaulnes de rejoindre la vallée de la Loire à Nevers (où, entre Loire et Allier, on pourra marcher dans la belle forêt du Perray parsemée d'étangs) et le Sancerrois qu'on se plaira à explorer, tout en se livrant à quelques dégustations, accompagnant un crottin de Chavignol ! On en profitera pour découvrir le beau village de Jars, la « ville nouvelle » d'Henrichemont, fondée par Sully pour abriter les protestants, l'église romane de Morogues ou tout apprendre sur la sériciculture en visitant le jardin du Tisserand, à Bannay, le long du canal latéral, avant de s'initier à la faïencerie à Gien...

les « Plus »

DÉCOUVERTE

Au Nord, près de Gien, ce sera la vallée de la Loire avec le château de Sully-sur-Loire et la magnifique basilique romane de St-Benoît-sur-Loire. Au Sud, ce sera le village d'Hérisson et la charmante vallée de l'Aumance. À l'Ouest, ce sera Mehun-sur-Yèvre avec ses porcelaines et la forêt d'Allogny. À l'Est, une promenade sous les belles futaies de la forêt des Bertranges, non loin de la Charité-sur-Loire.

Nulle part ailleurs...

Les sorciers du Berry : de connivence avec le diable, ils jettent des sorts, se vêtent de peaux de bêtes (ce sont alors des « birettes ») ou conduisent des hordes de loup pour les faire danser au clair de lune au son de leur cornemuse. Pour lutter contre leurs maléfices, une seule solution : faire appel au prêtre qui les chassera avec son eau bénite. Et pour les découvrir dans un de leurs territoires, le musée de la Sorcellerie à la Jonchère, près de Blancafort.

Où l'on apprendra que la Vendée n'est pas seulement un littoral apprécié des vacanciers, mais également un terroir aux mille facettes parsemé de curiosités naturelles, de châteaux et de lieux chargés d'histoire.

LA VENDÉE

militaire

32

377 km – Durée 2 jours
Villes de départ suggérées : Les Sables-d'Olonne, Niort

Renseignements de dernière minute

Arrivée :

De Paris, par Angers en autoroute puis par la N160 qui, après Cholet, nous amènera au Puy-du-Fou ; ou encore par Tours (autoroute A10) où l'on se plaira à suivre la vallée de la Loire, à moins qu'on ne poursuive sur Poitiers et Niort où l'on commencera l'itinéraire. Depuis le Sud, on aura pris l'autoroute à Bordeaux et l'on sortira à Niort.

Pour circuler : cartes n°s 67 et 71

Pour visiter : Guide Vert Poitou-Vendée-Charentes

Où séjourner ? Niort, la Tranche-sur-Mer, Les Herbiers

Les points forts du circuit

Les Sables-d'Olonne : **Le Remblai** – ***La Roche-sur-Yon :*** **Place Napoléon** – ***La Chabotterie :*** **Logis** – ***Collines Vendéennes :*** **Mont-des-Alouettes** – ***Le Puy-du-Fou :*** **Écomusée de Vendée** **Le Grand Parcours** – ***St-Michel-Mont-Mercure :*** **Panorama** – ***Vouvant :*** – ***Niort :*** **Donjon** **Le Pilori** – ***Marais Poitevin :*** **Promenade en barque** – ***Maillezais :*** **Abbaye** – ***La Tranche-sur-Mer :***

Et si on prenait le temps !

Que privilégier ? L'histoire avec la guerre de Vendée conduite de 1793 à 1796 contre les armées de la République ? On n'aura que l'embarras du choix entre l'écomusée du Puy-du-Fou qui rafraîchira nos souvenirs scolaires et, le long de la Sèvre Nantaise, au Sud de Cholet, le château de la Durbelière où naquit La Rochejacquelin ou encore la Chabotterie et le chemin de la mémoire des Lucs ! La mer ? La Côte de Lumière entre les Sables-d'Olonnes et la Tranche-sur-Mer s'offre à nous... Et l'on pourra découvrir à pied la forêt d'Olonne, peut-être y rencontrer quelques chevreuils, admirer les oiseaux du marais à l'aide de télescopes. Les Collines vendéennes, avec leurs moulins, mériteront d'être parcourues et l'on traversera le bocage, depuis Les Herbiers, à bord du chemin de fer de la Vendée, visitera la maison de l'eau de Mallièvre, le musée de la France protestante de l'Ouest au Bois-Triffais, près de Pouzauges, et découvrira de larges panoramas. Une atmosphère romantique ? Cela pourra être à Vouvant, qui semble être demeurée hors du temps et de la forêt proche de Mervent-Vouvant, sombre et giboyeuse, parcourue de sentiers pédestres et équestres.

les « Plus »
DÉCOUVERTE
De Parthenay la médiévale, avec son marché au bétail du mercredi que les lève-tôt iront visiter dès 7 h 30, à Thouars, qui possède d'agréables maisons anciennes, on pourra parcourir la pittoresque vallée du Thouet, paradis des pêcheurs, avec le plan d'eau de Cébron, le château et la grande-rue de St-Loup-Lamairé, Airvault et son abbaye-musée consacrée à la vie traditionnelle poitevine, St-Généroux et son vieux pont, St-Jouin-de-Marnes et son abbatiale de style roman poitevin, le fameux donjon de Moncontour, les maisons de terre d'Ouzilly-Vignolles, ainsi que le château et la collégiale d'Oiron.

Une ville agréable et fleurie où flâner ? Pourquoi pas Niort ? D'autant que la ville donnera accès au Marais poitevin qu'il faut absolument découvrir en barque ou à vélo sur les chemins de terre, à la recherche des ragondins parmi rigoles et conches ou pourquoi pas à bord du « Pibalou » ou du « Grenouillon » que l'on prendra à Coulon après la visite de la maison des Marais mouillés.

Nulle part ailleurs...

Les anguilles qui, après une dizaine d'années passées dans les eaux du Marais poitevin, vont se reproduire dans la mer des Sargasses, autour des Bermudes. Les larves traversent alors l'Atlantique en sens inverse, se muent en « civelles » et pénètrent alors dans le marais où elles sont pêchées de nuit à l'aide de la « vermée » ou de nasses en osier et préparées en « bouilliture ».

Ces lieux chargés d'histoire et soumis aux caprices de l'océan, permettront aux rêveurs de guetter, face à la mer, l'apparition d'un trois-mâts revenant des « isles ». Vaine attente ? Qu'importe sur ce lumineux littoral aux immenses plages de sable fin que parsèment des marais à la faune protégée !

L'AIR DU LARGE

33

319 km – Durée 3 jours
Ville de départ suggérée : La Rochelle

Renseignements de dernière minute

Arrivée :

En voiture, depuis Paris ou le Sud par l'autoroute A10 (Paris-Bordeaux) jusqu'à la sortie n° 35 (Saintes) qui pourra être le point de départ du circuit, à moins qu'on ne préfère rejoindre Rochefort par la A837 ; en train jusqu'à Poitiers, Angoulême ou Bordeaux où l'on louera un véhicule.

Pour circuler : carte n° 233

Pour visiter : Guide Vert Poitou-Vendée-Charentes

Où séjourner ? Rochefort, Royan, Saintes, La Rochelle

Les points forts du circuit

La Rochelle : **Le vieux port Quartier ancien Neptunéa : musée maritime Aquarium** – ***Île de Ré :*** **St-Martin-de-Ré Phare des Baleines** – ***Rochefort :*** **Quartier de l'Arsenal Corderie royale Maison de Pierre Loti** – ***Moëze :*** **Réserve naturelle du Marais de Moëze** – ***Brouage :*** **Remparts** – ***La Palmyre :*** **Zoo** – ***Royan :*** **Le front de mer** – ***Phare de Cordouan :*** – ***Talmont-sur-Gironde :*** **Église Ste-Radegonde** – ***Saintes :*** **Arènes Arc de Germanicus**

Et si on prenait le temps !

Dans une ville vouée au vélo comme La Rochelle, on aurait mauvaise grâce à ne pas en louer un pour visiter la ville et, pourquoi pas, si l'on se sent « en jambes » découvrir les environs. La ville, superbe, mérite d'être découverte en détail, d'autant qu'elle est fort animée (pas seulement lors des fameuses « Francofolies » de juillet) et recèle quelques musées qui captiveront ceux que passionne la marine du temps jadis, ainsi que d'autres plus insolites : celui des automates, celui des modèles réduits ou celui du... flacon à parfum ! Il y a assez à voir (et à faire) le long de l'itinéraire proposé pour occuper au mieux nos trois jours, ce qui ne nous empêchera pas de nous en écarter, au gré de l'humeur du moment, pour découvrir ici, l'île Madame (à marée basse par la Passe aux Bœufs) ou l'île d'Aix (en bateau, depuis La Rochelle ou l'île de Ré), là, le château de la Roche-Courbon (et l'on rendra grâce à Loti d'avoir contribué à le sauver), là, encore (à l'Est de Saintes) Cognac où l'on visitera les chais, mais aussi les musées et le quartier ancien (ainsi qu'à Migron, l'écomusée du Cognac). Le hasard, le caprice ou l'appétit nous conduiront à Marennes où l'on ne manquera pas de déguster une douzaine d'huîtres, aux cavernes de Mescher que l'on aimera découvrir depuis le fleuve, à Fenioux qui possède une belle lanterne des morts ou encore à l'abbatiale de Sablonceaux et à la découverte de l'estuaire de la Seudre, autour de Saujon, avec le village des Oiseaux de Cadeuil, le musée de l'huître de La Tremblade ou le village de Mornac, avec ses artisans.

les « **Plus** »

DÉCOUVERTE

Reliée au continent par le plus long pont-viaduc de France, Oléron est la plus grande des îles françaises (hors la Corse) : cabanes ostréicoles du port des Salines, route des huîtres, parc ornithologique du Marais aux oiseaux, promenades en barques, souvenir d'Aliénor d'Aquitaine et de Pierre Loti, musée de la Coiffe et du costume, plages, sans oublier le fameux Fort Boyard ; justifient amplement une journée sur cette île où continue de se pratiquer une pêche originale dans les « écluses à poissons » de la pointe de Chassiron.

Nulle part ailleurs...

Le pineau des Charentes, vin blanc ou rosé consommé en apéritif, est fait avec les même cépages et sur les mêmes terroirs que le cognac. Les moûts reçoivent une addition de cognac avant de vieillir plusieurs mois dans des fûts de chêne et ils ne reçoivent l'appellation de pineau des Charentes qu'après avis d'une commission de dégustation.

Vous faire découvrir les chefs-d'œuvre cise-lés par d'habiles sculpteurs qui surent utiliser le calcaire pour travailler à loisir leurs sujets, traitant aussi bien de thèmes religieux que de la vie quotidienne, sur les façades et les portails des églises romanes, telle est l'ambition de ce circuit qui n'en néglige pas pour autant l'époque contemporaine avec le « neuvième art » et les techniques du futur !

Prestige du roman POITEVIN

34

221 km – Durée 2 jours – Ville de départ suggérée : Poitiers

Renseignements de dernière minute

Arrivée :

Poitiers est située sur l'autoroute A10 et donc facilement accessible, que l'on vienne de Paris ou de Bordeaux. Dans ce dernier cas, on pourra commencer l'itinéraire à partir d'Angoulême, comme du reste si l'on vient de l'Est, en empruntant une transversale qui nous y conduira, depuis Lyon, par Clermont et Limoges sur la N141.

Pour circuler : carte n° 233

Pour visiter : Guide Vert Poitou-Vendée-Charentes

Où séjourner ? Angoulême, Poitiers

Les points forts du circuit

Poitiers : **Église N.-D.-la-Grande Baptistère St-Jean Palais de justice Église St-Hilaire-le-Grand** – ***Bougon :*** **Musée des Tumulus de Bougon** – ***Melle :*** **Église St-Hilaire** – ***Aulnay :*** **Église St-Pierre** – ***St-Amant-de-Boixe :*** **Église** – ***Angoulême :*** **Cathédrale St-Pierre CNBDI, Centre national de la Bande dessinée et de l'image** – ***Cellefrouin :*** **Église Lanternes des morts** – ***Charroux :*** **Abbaye St-Sauveur** – ***Civray :*** **Église St-Nicolas** – ***St-Savin :*** **Abbaye Peintures murales** – ***Jaunay-Clan :*** **Le Futuroscope**

Et si on prenait le temps !

On ne négligera pas des attraits moins connus que ce circuit, consacré à l'image (sculptée, peinte ou dessinée), et ses abords immédiats permettront de découvrir dans Poitiers (où l'on se fera un devoir de déguster un farci poitevin), comme la curieuse Hypogée des Dunes, et, au Sud où l'on parcourra les vallées du Clain, de la Cluère et du Miosson, avec la sobre église romane de St-Benoît, l'abbaye de Ligugé où Rabelais séjourna, Vivonne que Ravaillac fréquenta ou l'église de Nouaillé-Maupertuis. Plus au Sud, les ruines gallo-romaines de Sanxay justifieront un détour et Lusignan que fonda, dit la légende, la fée Mélusine, nous donnera avec son église un exemple d'art roman poitevin, de même que Jazeneuil. S'intéresse-t-on à la faune de nos contrées ? La forêt de Chizé, outre de nombreux sentiers propices à la randonnée, nous permettra d'en découvrir de nombreux spécimens dans le Zoorama européen et, non loin, Dampierre-sur-Boutonne est le dernier refuge des ânes du Poitou à qui une maison est consacrée. Les « bédéphiles » une fois rassasiés par les planches de Christophe, Forton, Hergé ou Tardi exposées à Angoulême, on découvrira l'Angoumois avec l'abbaye de la Couronne, le moulin de Fleurac et l'église octogonale de St-Michel, les sculptures de l'église de Dirac. Puis, plus au Nord, on ira goûter quelques macarons à Montmorillon, et marcher le long de la Gartempe vers les spectaculaires Portes d'Enfer, à moins que, férus de reptiles, on ne visite l'île aux Serpents à La Trimouille !

les « Plus »

DÉCOUVERTE

À partir de Chauvigny, ville où l'on visitera volontiers l'église romane St-Pierre avec ses chapiteaux historiés, il sera agréable de flâner entre Vienne et Gartempe : le château de Touffu, Archigny avec ses fermes acadiennes, le jardin des Rosiers (près de La Puye), la vallée de la Gartempe avec ses églises à fresques comme à Antigny ou à Jouhet, Civaux et ses chapiteaux historiés, le donjon de Mortemer ponctueront un agréable circuit.

Nulle part ailleurs...

Les Acadiens, chassés du Canada en 1755, ne sont aussi présents en France : 58 fermes identiques en pisé et en bruyère furent alors édifiées entre Archigny et La Puye. Il en reste aujourd'hui 38 dont l'une, celle des Huit-Maisons a été transformée en musée de cette épopée du retour au pays !

Émaillerie et orfèvrerie prirent racine dans les abbayes avant de connaître un nouvel élan ; la porcelaine, qui façonna le talent de Renoir, attire aujourd'hui les plus grands designers ; quant à la génération actuelle de peintres cartonniers, elle permet à la tapisserie contemporaine de revenir au rang des arts majeurs : trois formes d'art que ce circuit en terres de Limousin vous permettra sans doute de mieux apprécier.

Émaux, porcelaines et tapisseries en LIMOUSIN

35

525 km – Durée 3 jours – Ville de départ suggérée : Limoges

Renseignements de dernière minute

Arrivée :

Depuis Paris, en empruntant l'A10 jusqu'à Orléans, puis l'A71, vous pourrez commencer le circuit à La Souterraine (sortie 22), Ambazac (sortie 25) ou Limoges. Venant du Sud, vous le rejoindrez au niveau d'Uzerche ; de l'Ouest, à St-Junien, en prenant à Angoulême la N141 et, de l'Est, à Aubusson, que vous atteindrez depuis Clermont-Ferrand par la D941 puis la N141.

Pour circuler : cartes nos 60, 68, 72, 75

Pour visiter : Guide Vert Berry-Limousin

Où séjourner ? Uzerche, Guéret, Bellac, Peyrat-le-Château

Les points forts du circuit

Limoges : **Musée de l'Évêché Musée Adrien-Dubouché Village de la Boucherie Oradour-sur-Glane** – ***St-Junien :*** **Collégiale** – ***Châlus :*** **Châlus-Chabrol** – ***St-Yrieix-la-Perche :*** **Collégiale du Moûtier Musée de la Porcelaine** – ***Arnac-Pompadour :*** **Haras national Jumenterie nationale de Beyssac** – ***Uzerche :*** **Centre ancien** – ***Lac de Vassivière :*** – ***Aubusson :*** **Musée national de la tapisserie Manufacture de Tapisserie et de tapis St-Jean** – ***Moutier-d'Ahun :*** **Église** – ***Guéret :*** **Musée de la Sénatorerie** – ***Ruines de Crozant :*** – ***La Souterraine :*** **Église** – ***Le Dorat :*** **Collégiale St-Pierre** – ***Bellac :*** **Châsse émaillée** – ***Ambazac :*** **Châsse émaillée** – ***St-Léonard-de-Noblat :*** **Église**

Et si on prenait le temps !

Que privilégier dans cet itinéraire ? Tout dépend de ce qui vous intéresse : les émaux ? Cloisonnés ou champlevés, vous les découvrirez à l'évêché de Limoges et la sénatorerie de Guéret, mais aussi dans les châsses d'Ambazac et de Bellac ou encore de l'église des Billanges. La porcelaine ? Limoges, encore, mais aussi Guéret et St-Yrieix. La tapisserie ? Aubusson avec sa manufacture, son musée, le centre Lurçat et la maison du Tapissier répondra à votre attente. L'équitation ? Ne ratez pas alors le haras d'Arnac et la jumenterie de Beyssac. L'art contemporain ? La collection de sculptures de Vassivière vous comblera, mais n'oubliez pas les fresques de l'église de Sous-Parsat, dues à Gabriel Chabrat. La randonnée ? Vous aurez le choix, entre le lac de Vassivière, la forêt de Chabrières ou le plateau de Millevaches. Des paysages ? Le val du Taurion, rude et accidenté, la haute vallée de la Vézère, entre Bugeat et Uzerche, avec ses lacs, ses cascades et ses gorges étranglées devraient vous satisfaire. Des églises ? Les villages en recèlent de fort belles. Même les amateurs de cyclisme seront concernés : non seulement les routes du pays mettront à rude épreuve leur résistance, mais encore ils traverseront St-Léonard-de-Noblat, patrie de Raymond Poulidor, l'homme qui parvint à ne jamais porter le maillot jaune. Mais quels que soient vos centres d'intérêts, un point fort demeurera à jamais gravé dans votre mémoire : ce sera l'émotion ressentie en parcourant les rues du village martyr d'Oradour-sur-Glane.

les « Plus »

DÉCOUVERTE

Au Sud de la Corrèze, autour de Tulle, la vallée de la Corrèze vous fera découvrir paysages pittoresques, parfois escarpés (puy de Sarran), parfois romantiques (étang de Ruffaud), de beaux villages (Le Tourondel, Corrèze), le site et les magnifiques cascades de Gimel. Plus au Nord, dans le massif des Monédières, hameaux et bois vous conduiront au sommet du Suc-au-May d'où, par temps clair, vous découvrirez un impressionnant panorama.

Nulle part ailleurs...

Ce sont, d'une part, les lanternes des morts, peut-être des vestiges du paganisme, qui parsemaient les cimetières des églises romanes du Limousin ; et, d'autre part, les « ostensions » qui consistent à présenter les reliques des saints dans des châsses, véritables trésors, et à les sortir en procession dans les rues, les chemins de campagne, les forêts, accompagnées de fanfares, de groupes costumés et de bannières. Elles ont ordinairement lieu tous les sept ans, les prochaines étant fixées en l'an 2002.

Les coulées de lave issues d'un puissant système volcanique ont laissé leur trace, tant dans le paysage (cheires, orgues, etc.) que dans l'architecture locale où, façonnée par l'homme, la pierre de lave est omniprésente.

PIERRES DE LAVE

36

202 km – Durée 2 jours
Ville de départ suggérée : Clermont-Ferrand

Renseignements de dernière minute

Arrivée :

On atteindra facilement Clermont depuis Lyon, en prenant l'autoroute A47 jusqu'à St-Étienne puis l'autoroute A70 ; depuis Paris, par l'A71, depuis Orléans (ou, mieux encore par avion !). Depuis le Sud (Montpellier), en empruntant l'A75.

Pour circuler : carte n° 73

Pour visiter : Guide Vert Auvergne-Bourbonnais

Où séjourner ? Le Mont-Dore, St-Nectaire

Les points forts du circuit

Clermont-Ferrand : **cathédrale N.-D.-de-l'Assomption Basilique de N.-D.-du-Port** – ***Puy-de-Dôme :*** **Volcan** – ***Puy de Pariou :*** **Volcan** – ***Puy de Lemptéguy :*** **Volcan à ciel ouvert** – ***Orcival :*** **Basilique Notre-Dame** – ***Col de Guéry :*** **Roche Tuilière et Roche Sanadoire** – ***Aydat :*** **Lac d'Aydat** – ***Murol :*** **Château** – ***St-Nectaire :*** **Église St-Nectaire** – ***Issoire :*** **Ancienne abbatiale St-Austremoine** – ***Gergovie :*** **Plateau de Gergovie**

Et si on prenait le temps !

La sévérité de la couleur des « maisons noires » clermontoises et de ses églises masquent parfois, pour le visiteur pressé, la beauté de leur architecture : raison de plus pour prendre son temps, en profiter pour visiter le musée Bargoin à la recherche de nos ancêtres les Gaulois, et celui du Ranquet qui intéressera tout autant les admirateurs de Pascal que ceux qui se passionnent pour les arts populaires et ne pas manquer les quelques quatre-vingts hôtels anciens du vieux Montferrand avant de partir à l'assaut de la chaîne des Puys. Courageux, on tentera l'ascension du puy de Dôme à pied, en suivant la voie romaine, après avoir laissé la voiture au col de Ceyssat. Sans doute un peu éprouvant, mais quelle récompense lorsqu'on parvient au sommet ! Et, qui plus est, excellent entraînement avant l'ascension du puy de Pariou et la découverte du puy de Lemptéguy, véritable encyclopédie à ciel ouvert de vulcanologie... Nos connaissances seront complétées par la coulée de lave de Cheyre d'Aydat et le puy de la Vache, nouvelle occasion de se dégourdir les jambes dans un paysage majestueux. Inutile de dire que la pause devant l'église romane d'Orcival sera la bienvenue avant une flânerie dans le jardin de la maison des Fleurs d'Auvergne. Une halte dans la ville thermale du Mont-Dore, précédera des promenades à pied ou en funiculaire. Il vous reste quelques forces ? Après St-Nectaire et son fromage, Issoire et le château de Parentignat, découvrons alors la région du lac d'Aydat !

les « **Plus** »

DÉCOUVERTE

Au Nord de Clermont, un bref circuit permet de découvrir la belle ville de Riom, enserrée dans ses remparts, d'admirer les superbes chapiteaux et le trésor de l'église de Mozac, de prendre les eaux à Chatelguyon, de trouver à Volvic la lave qui, émaillée, sert à confectionner les plaques indicatrices des carrefours ou d'explorer à pied des curiosités naturelles, telles que les gorges d'Enval, le gour de Tazenat et les sources pétrifiantes de Gimeaux.

Nulle part ailleurs...

Ce sera l'initiation aux ressources locales que permettent les « maisons » du Parc naturel des volcans d'Auvergne : la gentiane (à Riom-ès-Montagnes), les fromages (à Église-neuve-d'Entraigues), la pierre (à Volvic), l'eau et la pêche (à Besse), la faune (à Murat), etc. Et, pour compléter ce panorama pourquoi pas une potée qu'on accompagnera d'un châteaugay ou d'un chanturgues, les vins de Riom ?

Les sources thermales ont fait, depuis longtemps, sa renommée. Cette terre, berceau d'obscurs seigneurs, les Bourbons, mérite d'être aussi visitée, tant pour ses paysages, verts, riants et vallonnés que pour sa capitale, Moulins, ainsi que pour les châteaux et églises romanes qui parsèment la campagne.

Châteaux et vallées du BOURBONNAIS

37

172 km – Durée 2 jours
Villes de départ suggérées : Moulins, Vichy

Renseignements de dernière minute

Arrivée :

Par l'autoroute A71, si vous arrivez du Nord, vous pourrez sortir à Montluçon et prendre la direction de Moulins. Du Sud, vous commencerez l'itinéraire par Vichy, à 54 km au Nord de Clermont-Ferrand.

Pour circuler : cartes n°s 69, 73

Pour visiter : Guide Vert Auvergne-Bourbonnais

Où séjourner ? Vichy, Moulins

Les points forts du circuit

Vichy : – ***Lapalisse :*** – ***Vieux Chambord :*** – ***Chavroches :*** – ***Jaligny-sur-Besbre :*** – ***Puy St-Amboise :*** **Panorama** – ***Thoury :*** – ***Le Pal :*** **Parc d'attraction et animalier** – ***Sept-Fons :*** **Abbaye** – ***Pomay :*** **Château** – ***Moulins :*** **Vieille ville** **Cathédrale** **Musée d'Art et d'archéologie** – ***Souvigny :*** – ***Vieux Boszt :*** – ***Fourchaud :*** – ***Châtel de Neuvre :*** – ***St-Pourçain-sur-Sioule :*** – ***Ancienne abbaye de St-Gilbert :***

Et si on prenait le temps !

Bien sûr, après avoir pris les eaux à Vichy (ou du moins visité les insolites constructions du quartier thermal), on ne manquera pas d'aller goûter celles de St-Yorre (non sans avoir, au passage, visité la forêt tropicale de La Pagode aux papillons) : voilà qui nous mettra en forme pour aborder le circuit et prendre quelques libertés avec lui : à St-Étienne-de-Vicq ou Seuillet, par exemple, si on est amateur d'art roman ; Après Lapalisse, la vallée de la Besbre, nous fournira nombre d'occasions de nous arrêter : pour contempler les châteaux (du dehors) ou pour tâcher d'attraper quelque carpe ou brochet... Nostalgie de la capitale ? Une place plus parisienne que nature est reconstituée en pleine campagne dans le parc d'attractions Le Pal ! Moulins mérite un arrêt, et, dans la cathédrale, l'admirable triptyque du maître de Moulins justifierait à lui seul le voyage... Tandis que si l'on s'intéresse aux traditions populaires, on sera ému par le Musée bourbonnais. Les environs de la ville seront prétexte à d'autres détours : botanistes ? Vous visiterez l'arboretum de Balaine. Ornithologues ? La maison des Oiseaux et du Val d'Allier vous permettra de découvrir les espèces locales. Amateurs d'art ? Églises (à Yzeure, Châtel-de-Neuvre ou Bessay-sur-Allier) et châteaux (Séganges, Rochefort, Fourchaud) vous attendent. St-Pourçain accueillera volontiers les randonneurs ainsi que les amateurs de vins : tandis que les uns arpenteront la campagne, les autres visiteront le musée consacré à ce très ancien vignoble, attesté dès avant l'ère chrétienne : et tout le monde pourrait se rassembler autour d'une bonne bouteille avant d'aller retrouver son âme d'enfant devant les trains miniatures sillonnant un paysage bourbonnais exposés dans la gare !

les « Plus »

DÉCOUVERTE

À l'Ouest de Moulins, Bourbon-l'Archambault, ville thermale qui accueillit, entre autres, Madame de Montespan et Talleyrand, est agréablement située au cœur du bocage bourbonnais, dont les paysages vallonnés, barrés de bouchures (haies) méritent d'être découverts. Et pourquoi ne pas enchaîner sur la Combraille bourbonnaise qui vous permettra d'apercevoir l'étonnante pagode bouddhiste du village minier de Noyant-d'Allier ?

Nulle part ailleurs...

Vous ne visiterez une collection aussi complète de fers à repasser qu'au Musée bourbonnais de Moulins. Le sujet peut paraître aride, voire rappeler de mauvais souvenirs ? N'empêche que cette collection de 160 fers, du XVIe au XXe siècle, fait le tour de la question... Quant à ceux ou celles que le sujet laisse froids, ils se rabattront sur les poupées anciennes exposées quelques salles plus loin !

Ici, l'artisanat se nourrit de la mémoire des vieux métiers exercés depuis des temps immémoriaux par les Auvergnats : certains d'entre eux, devenus des spécialités régionales, connaissent un rayonnement qui va bien au delà de la terre d'Auvergne.

LA DORE ET L'ALLIER

vallées de traditions

38

222 km – Durée 2 jours
Ville de départ suggérée : Thiers

Renseignements de dernière minute

Arrivée :

On atteindra Thiers, venant de Lyon par l'autoroute A72 (depuis St-Étienne) ; venant du Sud (Montpellier), par l'A75 jusqu'à Clermont où l'on prendra sur la droite l'A72 ; venant de Paris, on suivra l'autoroute A10 jusqu'à Orléans, puis la A71 qui, par Vierzon et Montluçon nous conduira à Clermont-Ferrand.

Pour circuler : carte n° 239

Pour visiter : Guide Vert Auvergne-Bourbonnais

Où séjourner ? Ambert, Brioude, La Chaise-Dieu

Les points forts du circuit

Thiers : **Maison des Couteliers – *Olliergues :* Musée des Vieux Métiers – *Ambert :* Maison de la Fourme et des Fromages Musée de la Machine agricole et à vapeur – *Moulin Richard-de-Bas :* Musée historique du Papier – *Arlanc :* Musée de la Dentelle – *La Chaise-Dieu :* Abbaye – *Brioude :* Basilique St-Julien – *Brassac-les-Mines :* Musée de la Mine – *Château de Montmorin :* Musée des Outils et des vieux métiers**

Et si on prenait le temps !

Après une promenade dans les rues piétonnes de la ville avec ses maisons à pans de bois, il sera intéressant de compléter notre information sur la coutellerie thiernoise en suivant la vallée de la Durolle avec ses 140 chutes qui actionnaient les coutelleries, aujourd'hui désaffectées (l'une a été transformée en centre d'art contemporain). Pourquoi, ensuite, ne pas emprunter la route des Monts du Forez en montant par la D102 au château de Vollore, puis à la station de Vollore-Montagne, surtout si l'on désire marcher dans la montagne ? D'autant que, poursuivant notre route, on pourra, au choix retrouver le circuit un peu avant Olliergues ou poursuivre par la vallée de la Faye, le col du Béal pour atteindre Job et le rocher de la Volpie (ascension pédestre) avant de découvrir le cirque de Valcivières et le moulin Richard-de-Bas, témoin vivant de l'industrie papetière. Après Ambert (sauf si l'on souhaite emprunter le train de découverte « Livradois-Forez » vers la Chaise-Dieu et découvrir depuis un autorail panoramique les paysages du Livradois-Forez), on suivra la vallée de la Dore, de Marsac (musée de la Confrérie des pénitents blancs) à Dore-l'Église (porche orné d'animaux chimériques) jusqu'à la magnifique abbaye de la Chaise-Dieu (les mélomanes feront coïncider leur week-end avec le festival). La basilique et la maison du Saumon et de la rivière de Brioude pourront précéder, pour ceux qui ont décidé de vraiment prendre le temps, une exploration des gorges de l'Allier.

les « Plus »

DÉCOUVERTE

Les gorges de l'Allier, que l'on pourra suivre de Brioude à Monistrol, voire Langogne ! En train (la voie ferrée suit la rivière) ou en voiture ce qui permettra de découvrir cette belle vallée encaissée et ses villages dont beaucoup (Blassac, St-Cirgues, Aubazat...) possèdent d'intéressantes églises et de marcher, autour du lac du Bouchet, par exemple.

Nulle part ailleurs...

C'est bien sûr la coutellerie de Thiers, implantée dans la cité auvergnate depuis le 14e s., même si la légende en fait remonter l'apparition à la première croisade. Aujourd'hui encore la coutellerie est bien vivante, mais le travail du coutelier s'est modernisé... Et rien de tel qu'un couteau de Thiers pour entamer une fourme d'Ambert !

Des points de vue à couper le souffle, d'extraordinaires sites volcaniques tels sont les points forts de cet itinéraire. Les amoureux de la nature comme les randonneurs et les sportifs devraient en conserver un souvenir inoubliable !

Sites et corniches extraordinaires entre LOIRE ET RHÔNE

39

333 km – Durée 3 jours
Ville de départ suggérée : Le Puy-en-Velay

Renseignements de dernière minute

Arrivée :

On arrivera au Puy en empruntant à Lyon l'autoroute A47 jusqu'à St-Étienne, puis la N88 sur 74 km. Mais il sera sans doute plus aisé de prendre, qu'on vienne du Nord ou du Sud l'autoroute A7 qu'on quittera à Valence ou à Loriol pour traverser le Rhône et rejoindre le circuit à hauteur de Lamastre ou de Privas.

Pour circuler : carte n° 76

Pour visiter : Guides Verts Auvergne-Bourbonnais, Vallée du Rhône

Où séjourner ? Lamastre, Vals-les-Bains, Le Puy

Les points forts du circuit

Le Puy-en-Velay : **Site La cité épiscopale Vieille ville Chapelle St-Michel d'Aiguille** – ***Massif du Meygal et Pays des Sucs :*** **Grand Testavoyre Pic du Lizieux** – ***Lamastre :*** **Gorges du Doux** – ***Pierre-Grourde :*** **Panorama du château** – ***Corniche de l'Eyrieux :*** – ***Vals-les-Bains :*** – ***Thueyts :*** **Promenade au pied de la coulée basaltique**

Et si on prenait le temps !

Comment faire autrement quand tant d'alternatives s'offrent à nous ! Citons en quelques-unes : au Nord du Puy, les gorges de la Loire, avec leurs lacs et leurs forteresses en ruines, comme Polignac ; à l'Est, autour du Chambon, la vallée du Lignon qu'on pourra découvrir, jusqu'à Tence par le chemin de fer à voie métrique ; au Sud de St-Agrève, les Boutières avec de superbes points de vue (à St-Clément) et le site extraordinaire des ruines de Rochebonne qu'on explorera grâce à des sentiers ; au Nord de Lamastre, Rochebloine et les gorges du Doux par une route en corniche qui, après Boucieu-le-Roi, nous conduira à Tournon : on ne manquera pas alors d'emprunter la merveilleuse route panoramique et, à St-Romain-de-Lerps, découvrir une vue grandiose, du Mont Blanc au Ventoux, du Vercors au Pilat, avant la visite du château de Crussol ; au Sud de Privas, le plateau du Coiron avec ses villages-belvédères, comme Mirabel ou St-Laurent, ou le château de Rochemaure dominant Montélimar et d'où l'on se lancera à l'assaut du pic de Chenavari ; après Vals, la vallée de la Bouges avec la cascade du Ray-Pic d'où l'on pourra gagner le Gerbier-de-Jonc et, si l'on est en forme, en faire l'ascension ; ou encore, la haute vallée de l'Ardèche, autour de Thueyts et, au Sud de la coulée basaltique de Jaujac, le massif déchiqueté du Tanargue avec la corniche du col de Meyrand et les gorges de la Borne ; ou enfin, au Sud d'Arlempdes, les plateaux volcaniques avec la fameuse auberge de Peyrebeille de sinistre mémoire !

les «Plus»

DÉCOUVERTE

Au Sud d'Aubenas, suivez donc l'Ardèche : ses défilés, jusqu'à Ruoms, avec le site escarpé de Balazuc (VTT, randonnées ou canoë) ; ses gorges, entre Vallon-Pont-d'Arc et St-Martin-d'Ardèche. Vous pourrez découvrir ces paysages singuliers en les descendant en barque ou en canoë, ou encore à pied sur la rive droite et, de part et d'autre, explorer avens (Orgnac, la Forestière) ou grottes (la Madeleine), admirer de superbes points de vue ou, tout simplement, en saison, vous exposer au soleil entre deux baignades.

Nulle part ailleurs...

L'extraordinaire site de la ville du Puy-en-Velay avec ses pitons volcaniques, sa cathédrale de style roman aux curieuses influences orientales, sa vieille ville, justifie largement le voyage ; d'autant que la cité est, depuis la Renaissance, la capitale de la dentelle : vous pourrez en admirer une belle collection au musée Crozatier et voir des dentellières au travail au Centre d'enseignement et au Conservatoire national de la dentelle.

Autrefois, les gabares naviguaient sur la Dordogne ; aujourd'hui, la haute vallée, comme celles de ses affluents, la Cère et la Marenne, est jalonnée de lacs de barrages, comme de jolis lacs naturels.

LE CANTAL

de lacs en barrages

40

342 km – Durée 2 jours
Ville de départ suggérée : Aurillac

Renseignements de dernière minute

Arrivée :

Pour atteindre Aurillac, point de départ de cet itinéraire, on pourra emprunter la A65 (depuis Montpellier ou Clermont) et la quitter à la sortie 22 (Massiac) pour prendre la N122 ou à la sortie 29 (St-Flour) et prendre la D926 jusqu'à Murat où l'on empruntera sur la gauche la N122. Plus à l'Ouest, on rejoindra Brive (en venant de Limoges) par l'autoroute A20 ; puis Tulle d'où l'on gagnera Aurillac par la N120 ; ou, venant du Sud, on pourra quitter la N20 dès Cahors et gagner par la D653 Figeac d'où la N122 nous conduira à Aurillac.

Pour circuler : carte n° 239

Pour visiter : Guide Vert Auvergne-Bourbonnais

Où séjourner ? Bort-les-Orgues, Salers

Les points forts du circuit

Aurillac–Sénaillac-Latronquière : **Lac du Tolerme** – ***St-Étienne-Cantalès :*** **Barrage** – ***Enchanet :*** **Barrage** – ***Haute vallée de la Dordogne :*** **Barrage de l'Aigle** – ***Neuvic :*** **Lac de Neuvic** **Barrage de Neuvic-d'Ussel** – ***Haute vallée de la Dordogne :*** **Barrage de Marèges** – ***Bort-les-Orgues :*** **Barrage de Bort** **Orgues de Bort** – ***Val :*** **Château** – ***Lastioulles :*** **Barrage** – ***Vaussaire :*** **Barrage** – ***Salers :*** **Village**

Et si on prenait le temps !

Aurillac est la capitale du… parapluie ; mais vous n'aurez pas forcément besoin de cet encombrant ustensile, surtout si vous parcourez cet itinéraire en été : vous pourrez alors profiter au mieux des lacs (baignades, pêche, activités nautiques), comme des alentours qui pourront être le cadre de bien des randonnées, et vous feront découvrir de fort agréables paysages : citons ici les gorges de la Maronne avec les ruines du château de Bransac ou, à l'Est de Bort, la vallée de la Rhue avec la cascade de Cornillou, la vallée de Cheylade, entre Condat et Riom-ès-Montagnes et une cascade du Sartre qui, dévalant de 30 m de hauteur, tient plus de l'être que du néant, et, surtout, plus au Sud, les monts du Cantal avec leurs puys et leurs planèzes : cols (le pas de Cère, le pas de Peyrol), gorges (de l'Alagnon), vallée (de Mandailles, du Falgoux), sans compter le fabuleux Puy Mary, autant d'occasions de profiter du beau temps pour vous dégourdir les jambes sur les sentiers, dans un paysage remarquablement vert ! Et s'il pleuvait, cependant ? Eh bien, d'une part, vous auriez acheté ce qu'il faut à Aurillac et, d'autre part vous ne manquez pas de possibilités pour vous abriter agréablement : citons, à côté du romantique château du Val, le musée de la Radio et du Phonographe, les boiseries de l'église de St-Cernin, la basilique romane de Mauriac, l'église St-Matthieu de Salers ou un détour par St-Flour pour visiter le Musée de la Haute-Auvergne, voire le Musée postal ou encore, avant le départ, le Muséum des volcans d'Aurillac.

les «Plus»

DÉCOUVERTE

À l'Est d'Aurillac, les profondes gorges creusées dans le calcaire par la Truyère : bonne idée de balade entre Laussac et Garabit : là encore, barrages et retenues ainsi que possibilités de randonnées abondent. Et, en prime, les fières murailles du château d'Alleuze, les sources chaudes de Chaudes-Aigues (avec Géothermia, musée consacré aux thermes) et le viaduc de Garabit, précurseur horizontal d'une tour parisienne fort verticale.

Nulle part ailleurs...

À l'heure où on parle de crise de la foi, voilà une tradition, hélas révolue, qui pourrait remettre bien des pèlerins sur le droit chemin : c'était à Salers et au 18e siècle, lorsque pour la Nativité de la Vierge, on imagina de faire couler du vin dans les fontaines publiques. Le succès fut considérable mais hélas, dépassa toutes les espérances, au point que le plus grand désordre régna dans les ruelles du bourg et que l'expérience dut être abandonnée.

Ici, parmi ces petits terroirs semés d'étangs et de sous-bois verdoyants qui alternent avec les causses calcaires recouverts de chênes et de châtaigniers, les fastes de la cuisine locale, symbole d'un certain art de vivre, attirent bien des gourmets, tandis que les férus de Préhistoire aiment à y rechercher les traces de nos ancêtres. Mais les deux démarches ne sont pas incompatibles !

Du PÉRIGORD VERT AU PERIGORD NOIR

41

295 km – Durée 2 jours – Ville de départ suggérée : Périgueux

Renseignements de dernière minute

Arrivée :

Arrivant de Paris, on aura pris l'A10 jusqu'à Orléans, l'A71 jusqu'à Vierzon, puis l'A20 jusqu'à Limoges, à 102 km au Nord de Périgueux que l'on atteindra par la N21 : aussi, sans doute sera-t-il plus sage de descendre en train ou en avion à Bordeaux, d'y louer une voiture et de rejoindre tranquillement Périgueux par la N89 !

Pour circuler : carte n° 75

Pour visiter : Guide Vert Périgord-Quercy

Où séjourner ? Montignac, Sarlat, Brantôme

Les points forts du circuit

Périgueux : **Cathédrale St-Front** **Vieille ville** – ***Bourdeilles :*** **Châteaux** – ***Brantôme :*** **Bords de la Dronne** – ***St-Jean-de-Côle :*** **Village** – ***Sorgues :*** **Maison de la truffe** – ***Hautefort :*** **Château** – ***Grotte de Lascaux :*** **Lascaux II** – ***Les Eyzies :*** **Grottes ornées** – ***Sarlat :*** **Le vieux Sarlat** – ***Domme :*** **Bastide** – ***La Roque-Gageac :*** – ***Castelnaud :*** **Château** – ***Beynac-et-Cazenac :*** **Château**

Et si on prenait le temps !

Art de vivre à un rythme lent, dans cette région où il y a tant à voir et où l'on vagabondera paresseusement, de table en table, de château en château, de grotte en grotte. Chemin faisant, la sérénité de l'abbaye de Chancelade, l'étonnante église monolithe d'Aubeterre, point fort de la charmante vallée de la Dronne que l'on suivra depuis Brantôme, découvrant l'église fortifiée de Grand-Brassac, Ste-Aulaye, le portail de Cumond, sur les traces du troubadour de Ribérac, Arnaut Daniel, nous renforceront dans l'idée de laisser le temps au temps. On musardera donc avec un autre troubadour, Bertran de Born, du château de Hautefort aux souriants vallons de la châtellenie d'Ans. Dans la vallée de la Vézère, on ne manquera pas les rendez-vous que nous ont fixés nos lointains ancêtres à Castel-Merle, Rouffignac ou au Bugue avec la caverne de Bara-Bahau et la grotte de St-Cirq (et, bien entendu, Lascaux et les Eyzies !) ; on n'en négligera pas pour autant nos parents plus proches avec ces bourgs imprégnés d'histoire, comme Chavagnac (donjon), Terrasson (église et pont médiéval sur lequel se tient le marché) ou encore Plazac. Ignorant délibérément notre montre, nous poursuivrons, au delà de Montfort et de Sarlat (on y aura dormi afin de pouvoir profiter de la visite de nuit où la cité est mise en scène par la lumière... et on ne manquera pas d'y passer de longues heures à table) dans le Périgord Noir : le château de la grande Filolie, St-Amand-de-Coly, le beau village de St-Geniès, les jardins d'Eyrignac en seront la récompense.

les « **Plus** »

DÉCOUVERTE

À l'Ouest de Beynac, suivre la vallée de la Dordogne, avec Limeuil, le fameux cingle (méandre) de Trémolat, l'église de Badefols, le moulin de Larroque de Couze-et-St-Front et Bergerac ; si Cyrano n'y mit jamais les pieds, d'aucuns visiteront avec intérêt le musée du Tabac avant de se perdre dans le vignoble de Monbazillac.

Nulle part ailleurs...

... affirmons-le haut et net, on ne mange aussi bien que dans le pays du foie gras : d'oie ou de canard, entier ou en bloc, arrosé d'un verre de Monbazillac ! Mais à ce seigneur s'ajoutent d'autres délices : la truffe qu'on a qualifiée « d'âme parfumée du Périgord », les pâtés truffés, les confits, les farces. Et ajoutez à cela d'excellents vins, à Cahors ou Bergerac. En somme, une terre où la frugalité relève de la sainteté !

Sur ces causses pierreux, l'élevage des ovins, en particulier de Gramat, est l'activité principale d'une population qui, mettant à profit des sites remarquables, a su développer de siècle en siècle, un patrimoine artistique d'une étonnante richesse.

Grands sites du QUERCY

42

345 km – Durée 3 jours
Ville de départ suggérée : Cahors

Renseignements de dernière minute

Arrivée :

On atteindra Cahors depuis Toulouse par l'autoroute A62 puis, à partir de Montauban par la N20. Depuis Bordeaux, par la N89 on atteindra Périgueux ; puis Brive d'où l'on rejoindra le circuit à Rocamadour. Depuis Paris par l'autoroute A20, par Châteauroux et Limoges. Depuis l'Est soit transversalement (Aubenas, Mende, Rodez) avec l'avantage de traverser de superbes régions, soit par le Sud, avec l'autoroute A9 puis, à Narbonne l'autoroute A61 (sortir alors à Toulouse).

Pour circuler : cartes n°s 75, 79

Pour visiter : Guide Vert Périgord-Quercy

Où séjourner ? Figeac, St-Céré, Rocamadour

Les points forts du circuit

Cahors : **Pont Valentré Quartier ancien – *Pech-Merle :* Grottes, peintures pariétales – *Figeac :* Le vieux Figeac Musée Champollion Place des Écritures – *Assier :* Église Château – *Rudelle :* Église – *Montal :* Château – *St-Céré :* Ville ancienne Atelier-musée Jean-Lurçat – *Bretenoux :* Château de Castenau-Bretenoux – *Beaulieu-sur-Dordogne :* Église St-Pierre – *Collonges-la-Rouge :* – *Martel :* – *Padirac :* Gouffre – *Rocamadour :* La cité religieuse**

Et si on prenait le temps !

Remontant paresseusement le Lot, parmi les falaises, on saluera au passage la chapelle de N.-D. de Vêles avant de marcher sur le chemin de halage du Lot (GR 36) avec son fameux « chemin de tire » creusé dans le rocher, puis, à Bouziès, de découvrir un « creux fortifié », le défilé des Anglais, vestige de la guerre de Cent Ans. On ne manquera pas de s'arrêter à St-Cirq-Lapopie et d'aller, à pied, admirer la ville depuis les vestiges du château de la Popie, au sommet de la falaise. Continuera-t-on le long du Lot jusqu'à Figeac, avec le château de Cénevières, Cajarc (la cité natale de Françoise Sagan abrite la maison des Arts Georges Pompidou), le Saut de la Mounine et St-Pierre-Toirac ? Pourquoi pas, même si la D41 avec la grotte du Pech-Merle, la fontaine de la Pescalerie, le musée de plein air du Quercy (à Cuzals), le vieux village de Sauliac, la grotte de Bellevue et Espagnac, ne manque ni de charme ni d'intérêt ? Et pourquoi ne pas concilier les deux avant de monter vers le Nord et d'explorer autour de St-Céré la vallée de la Bave ou le Ségala, avec N.-D. de Verdale et le lac du Tolerme, dont on fera le tour sur un sentier. Plus au Nord encore, après la belle Collonge, il sera agréable de flâner aux environs de Brive : Turenne, le gouffre de la Fage, le lac du Causse, Aubazine seront les points forts de cette promenade qui précédera la découverte de deux attraits majeurs du Quercy : le gouffre de Padirac et la magnifique cité de Rocamadour avant de rentrer doucement à Cahors à travers le causse de Gramat.

les « Plus »

DÉCOUVERTE

À l'Ouest de Cahors, la basse vallée du Lot avec ses cingles et, sur notre trajet, le château de Mercuès, Luzech et Cambayrac (avec son curieux clocher-mur), Grézels et le château féodal de La Coste, la bastide de Montcabrier et, récompense suprême, la fantastique forteresse de Bonaguil !

Nulle part ailleurs...

Ce n'est pas un hasard si c'est à Figeac, ville natale de Champollion, qu'on célèbre l'écriture : la place des Écritures avec la reproduction géante de la fameuse pierre de Rosette (due à Joseph Kossuth) qui permit à l'illustre égyptologue de percer le mystère des hiéroglyphes.

Province longtemps disputée, la Franche-Comté s'enorgueillit de la richesse et de la variété de son patrimoine. Fières citadelles ou humbles maisons forestières, maisons rurales traditionnelles ou « ville idéale » d'Arc-et-Senans, tel est le bel héritage que les Comtois s'attachent à préserver.

Trésors d'art et d'architecture COMTOIS

43

173 km – Durée 2 jours
Ville de départ suggérée : Besançon

Renseignements de dernière minute

Arrivée :

On atteindra aisément Besançon, depuis l'autoroute A6 en prenant à Chalon-sur-Saône, la N73 jusqu'à Dôle, qui pourra être le point de départ de l'itinéraire ; ou bien, en prenant à Beaune, l'autoroute A36 (La Franc-Comtoise) et en la suivant sur 97 km jusqu'à la capitale du Doubs ; ou encore en prenant un train jusqu'à Dijon qui n'est qu'à 88 km de Besançon.

Pour circuler : carte n° 243

Pour visiter : Guide Vert Jura-Franche-Comté

Où séjourner ? Arc-et-Senans, Ornans, Besançon

Les points forts du circuit

Besançon : **Site Vieille ville Palais Granvelle – La Citadelle Musée des Beaux-Arts** – ***Forêt de Chaux :*** **Vieille Loye** – ***Arc-et-Senans :*** **Saline royale** – ***Osselle :*** **Grottes** – ***Château de Cléron :*** – ***Ornans :*** **Musée Courbet** – ***Dino-Zoo :*** – ***Nancray :*** **Musée de plein air des Maisons comtoises** – ***Montfaucon :***

Et si on prenait le temps !

Au pays des horloges, on s'abstiendra de consulter sa montre. Paradoxe ? Non, car il serait dommage de ne pas visiter en détail (et, pourquoi pas, en bateau) la ville qui donna à la littérature Victor Hugo et Charles Nodier, à l'humour Tristan Bernard, à l'humanité, le cinéma et à l'utopie sociale, Fourier et Proud'hon ! La forêt de Chaux permettra d'emprunter pistes cavalières et sentiers et de découvrir cerfs et sangliers, depuis les miradors, après avoir été saluer Pasteur en sa maison natale de Dôle ou les automates exposés dans le château du Descaux, à 17 km au Sud. Bien entendu, les majestueux bâtiments néoclassiques d'Arc-et-Senans, dus à Ledoux, retiendront l'attention de tous avant les grottes d'Osselle et la charmante vallée de la Loue qui inspira Courbet : on remontera vers sa source (en fait, une résurgence), depuis Chissey-sur-Loue, Port-Lesnay (où une promenade en barque pourra précéder la dégustation d'une truite) ; après Cléron, le Miroir de Scey nous permettra de découvrir un méandre dans les eaux duquel se mire un château féodal puis, au-delà d'Ornans (avec le musée Courbet), belvédères et gorges, cascades et grottes, chutes (à Lods), se succèdent autour de la pittoresque cité de Moutier-Haute-Pierre. Les randonneurs pourront, depuis Ornans, rejoindre la vallée du Lison par le GR 590 ; d'autres pourront préférer louer un canoë et découvrir paisiblement la Loue et ses rivages de cette manière, avant la découverte des premiers habitants de la contrée reconstitués au parc Dino-Zoo.

les « Plus »

DÉCOUVERTE

Au Sud d'Ornans, la source du Lison : grotte Sarrazine, cascade et cirque impressionnant de Creux Billard ; ou bien à l'Est de Besançon, le cirque de Consolation et la Roche du Prêtre avec le village de Grandfontaine-Founets avec la ferme du Montagon où l'on retrouvera la vie quotidienne des temps passés ; ou encore, de Voray à Pesmes, suivre la basse vallée de l'Ognon en voiture… ou sur les eaux.

Nulle part ailleurs...

Il existait depuis la fin du XVIIe siècle une tradition horlogère à Besançon. Mais c'est l'arrivée d'horlogers suisses, bannis de leur pays en 1793 qui allait, grâce aux aides publiques de la Convention et la mise au point de la fabrication en série, permettre un développement prodigieux de l'horlogerie comtoise qui, après une période difficile, revit aujourd'hui grâce à des artisans qui perpétuent ce savoir-faire.

La faiblesse pour le vin d'Arbois que le bon roi Henri ne cherchait nullement à dissimuler, les travaux de l'enfant du pays, Pasteur, et le mystère qui entoure la vinification du vin jaune : rien d'étonnant à ce que les vins du Jura soient reconnus et appréciés, surtout dès lors qu'on les associe aux fromages régionaux dont le fleuron est bien sût le Comté !

De caves en fruitières au pays du VIN JAUNE

44

157 km – Durée 2 jours
Ville de départ suggérée : Lons-le-Saunier

Renseignements de dernière minute

Arrivée :

Rien de plus simple aujourd'hui que d'atteindre Lons-le-Saunier grâce à la nouvelle autoroute : arrivant du Sud, on prendra à Lyon la A40 vers Bourg-en-Bresse où l'on trouvera l'A39 ; depuis le Nord, il suffira de bifurquer à Dijon en direction de Dôle et l'on pourra commencer notre escapade dans la région du vin d'Arbois : idéal pour se mettre, sinon en jambes, du moins en bouche !

Pour circuler : carte n° 70

Pour visiter : Guide Vert Jura-Franche-Comté

Où séjourner ? Salins-les-Bains, Poligny, Arbois

Les points forts du circuit

Lons-le-Saunier : – ***Cirque de Baume :*** – ***Voiteur :*** – ***Château-Chalon :*** **Site** – ***Cirque de Ladoye :*** **Belvédère** – ***Salins-les-Bains :*** **Salines** – ***Reculée des Planches :*** – ***Arbois :*** **Maison de Pasteur Musée de la Vigne et du vin** – ***Pupillin :*** – ***Poligny :*** **Maison du Comté Fruitières de Plasne (4 km SO) et de Tourmont (2 km NO)**

Et si on prenait le temps !

On aimera explorer en détail les « Reculées », ces vallées s'achevant en cul-de-sac dans des cirques bordés de hautes falaises : on y découvrira des paysages étonnants (outre le cirque de Baume (et ses grottes), citons, en allant vers Arbois, le cirque de Ladoye, non loin de Poligny, la capitale du Comté (on l'accompagnera du vin local), la Culée de Vaux et son belvédère et, immédiatement au Sud d'Arbois, la grotte des Planches et le beau cirque du Fer à Cheval. On ne manquera pas, à Arbois, de goûter au vin et pourquoi ne pas rendre hommage à Pasteur dans sa vigne et dans la maison où il passa sa jeunesse ? Plus au Nord, Salins-les-Bains nous offre le spectacle étrange d'eau salée extraite du sol (le banc est à 250 m de profondeur) et les galeries souterraines sont fort intéressantes à parcourir. Pourquoi alors ne pas emprunter pour descendre vers le Sud, la belle route des sapins à travers les forêts de la Fresse, de Chapois, de la Joux et de Levier ? Sentiers de promenade ou de randonnées, parcours éducatifs nous permettront de nous dégourdir les jambes tout en apprenant à distinguer épicéas et différentes variétés de sapins, dont certains (le sapin président de la Joux, l'épicéa de Chapeau Paris, les épicéas du Roi de Rome), fort anciens, atteignent des dimensions impressionnantes. Après Champagnole, on pourra monter vers les sources de l'Ain (avec les chutes et cascades de Bourg-de-Sirod) ou emprunter au Sud la vallée de la Saine pour découvrir les vertes gorges de la Langouette.

les « **Plus** »

DÉCOUVERTE

Le long de la frontière suisse, on pourra suivre à partir de Malbuisson le cours capricieux du Doubs : depuis sa source jusqu'aux portes de Montbéliard, parmi cluses et vaux : de belles gorges (défilé d'Entreroche), de paresseux méandres, des cascades (Saut du Doubs), des lacs (St-Point et Remoray-Boujeons)... et des villes, comme Pontarlier où les amateurs de véhicules extravagants ne manqueront pas la collection de prototypes futuristes dus à Franco Sbarro.

Nulle part ailleurs...

Les fruitières (signifiant « fruits communs ») sont des coopératives regroupant les producteurs de lait de plusieurs villages, afin de produire, grâce à une livraison biquotidienne de lait, le fameux Comté. Toujours bien vivant aujourd'hui, ce type d'organisation collective, né des difficultés de déplacement dues au climat, est attesté dès 1264.

Supposons un instant que la montagne jurassienne n'existe pas : les fumeurs seraient privés de pipes ; les myopes, de lunettes ; les élégants, de peignes ; les enfants, de jouets ; et tous, de l'indispensable matière plastique ! Voilà bien des raisons d'exprimer à cette région notre gratitude en la visitant, d'autant qu'on en sera récompensé par de superbes paysages et une authenticité que, grâce à son relief difficile, le Jura a su préserver.

Artisanat et spécialités de la MONTAGNE JURASSIENNE

45

256 km – Durée 3 jours
Ville de départ suggérée : St-Claude

Renseignements de dernière minute

Arrivée :

Depuis le Sud, l'autoroute A42 que l'on prendra à Lyon nous conduira à Nantua qui sera notre point de départ ; depuis le Nord, on rejoindra Lons-le-Saunier par la nouvelle autoroute A39 (qu'on aura prise à Dijon) et, de là, la N78 nous conduira à la cascade du Hérisson, qui sera une fort agréable entrée en matière.

Pour circuler : cartes n°s 70, 74

Pour visiter : Guide Vert Jura-Franche-Comté

Où séjourner ? Les Rousses, Moirans-en-Montagne, Nantua

Les points forts du circuit

St-Claude : **5 expositions de pipes et de diamants** – ***Morez :*** **Musée de la Lunetterie** – ***Les Rousses :*** – ***Bois-d'Amont :*** **Musée de la Boissellerie** – ***Cascades du Hérisson :*** – ***Lacs de Clairvaux et de Vouglans :*** – ***Moirans-en-Montagne :*** **Musée du Jouet** – ***Oyonnax :*** **Musée du Peigne et de la Plasturgie** – ***Nantua :*** **Lac et cluse** – ***Défilé de Sous-Balme et Valmijoux :*** **Vues sur les sommets des monts du Jura et sur la Valserine** – ***Col de la Faucille :*** **Panorama sur le lac Léman**

Et si on prenait le temps !

Pourquoi ne pas en consacrer une bonne part à une découverte du Parc naturel du Haut-Jura, à partir de St-Claude ? Depuis la capitale dont on aurait admiré le site et apprécié les productions, on se lancerait dans le parc, au gré de notre fantaisie : vers le Nord, le Crêt Pourri. Au Sud, la chapelle St-Romain, en bordure de la Bienne. Par les gorges, on atteindra Morbier, posé dans sa cluse : fromage et ateliers d'artisans au programme. Mais l'on pourra aussi emprunter le GR 9 entre Moirans et Prémanon, ou s'adonner au ski de fond sur l'une des branches du tour du Haut-Jura. Moins sportifs ? On explorera les environs de Moirans, suivant l'Ain vers le Nord : un sentier à Maisod nous permettra de dominer le lac, du haut de la falaise ; on pourra poursuivre jusqu'à Pont-de-Poitte avec ses curieuses « marmites de géants ». Ou bien, au Sud, au bord du lac de Nantua : une promenade en bateau nous ouvrira l'appétit qu'on assouvira avec les écrevisses ou les quenelles qui ont fait la réputation gourmande de la ville.

Poursuivra-t-on pour découvrir les lacs de Sylans ou faire une agréable promenade digestive sur les rives du lac Génin ? Ce qui est certain, c'est qu'on repartira vers le Nord par l'audacieux pont des Pierres jeté sur la Valserine avant de traverser le défilé de Sous-Balme, prendre à Lélex la télécabine de la Catheline jusqu'au Crêt de la Neige, découvrir les fresques murales de Mijoux, puis le Mont Blanc en montant au col de la Faucille.

les « Plus »

DÉCOUVERTE

Après le col de la Faucille le pays de Gex, isolé entre Suisse et France (dont il est séparé par la chaîne du Jura). On pourra à l'instar des curistes soigner son stress aux thermes ou, plus simplement, en se promenant autour du lac parmi les palaces ; ou encore en empruntant les sentiers tracés dans le mont Mussy. Ou enfin découvrir une vue magnifique depuis le belvédère du Petit Mont-Rond où l'on accédera en télécabine.

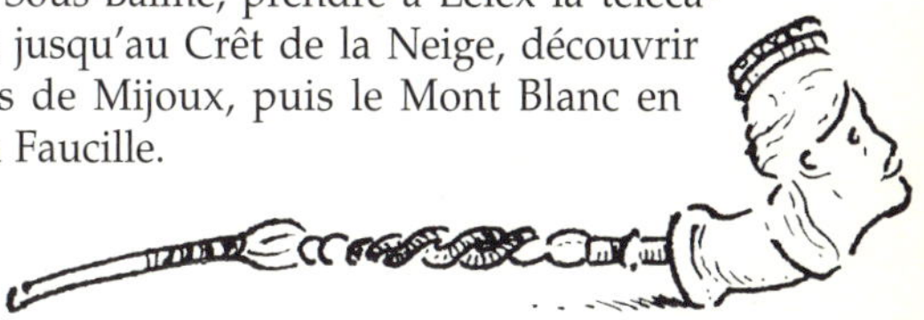

Nulle part ailleurs...

Le ski de fond a acquis un prodigieux développement dans la montagne jurassienne, traversée par la GTJ, la Grande Traversée du Jura, piste de plus de 300 km, comprenant plusieurs itinéraires et théâtre d'une des plus grandes épreuves de la spécialité, la Transjurassienne, qui, en février, réunit des centaines de participants entre Lamoura (Jura) et Mouthes (Doubs) sur un itinéraire de 76 km.

Perles d'argent éparpillées au gré des dunes blondes et des îlots de verdure de la forêt landaise, les lacs de la Côte d'Argent constituent un havre de paix pour les amoureux de la nature. Parmi l'odeur si caractéristique des pins des Landes, ils offrent une multitude d'activités de plein air pour les petits et les grands.

Les lacs de la côte d'argent et la forêt LANDAISE

46

405 km – Durée 2/3 jours
Ville de départ suggérée : Bordeaux

Renseignements de dernière minute

Arrivée :

À Bordeaux, en TGV ou en avion ! À moins qu'on ne tienne à venir avec sa voiture : dans ce cas, cela sera par Toulouse et l'autoroute des Deux-Mers ; ou, depuis Paris, par l'autoroute A10 (L'Aquitaine).

Pour circuler : carte n° 234

Pour visiter : Guide Vert Pyrénées-Aquitaine-Côte Basque

Où séjourner ? Lacanau-Océan, Biscarosse, Arcachon, Bordeaux

Les points forts du circuit

Bordeaux : **Le Bordeaux du 18e s.** **Croiseur Colbert** – ***Lac d'Hourtin-Carcans :*** – ***Réserve naturelle de l'étang de Cousseau :*** – ***Lac de Lacanau :*** – ***Bassin d'Arcachon :*** **Cap-Ferret** **Parc ornithologique du Teich** – ***Gujan-Mestras :*** – ***Arcachon :*** **Ville d'hiver** – ***Dune du Pilat :*** – ***Étangs de Cazaux et de Sanguinet :*** – ***Étangs de Biscarosse et de Parentis :*** – ***Écomusée de la Grande Lande :***

Et si on prenait le temps !

Privilégiera-t-on la côte d'Argent avec ses étangs, ses dunes et les somptueux rouleaux de l'océan ou la forêt ? Ce sera une question de goût, mais aussi de temps, celui qu'on saura s'accorder. Du lac d'Hourtin, parmi lacs et forêts, à l'étang de Biscarosse, on ne manquera pas d'occasions de s'arrêter : citons le musée des Arts et traditions populaires des Landes, à Maubuisson, les sentiers de la réserve naturelle de l'étang de Cousseau, Lacanau et son lac, Arcachon qui nous retiendra pour ses huîtres, sa ville d'hiver dont l'architecture étonnante va du pseudomauresque au néo-gothique, en passant par chalets suisses, cottages britanniques et maisons coloniales ; embarquera-t-on sur une « pinasse » pour une demi-journée ou une journée sur le bassin ? On pourra découvrir l'île aux Oiseaux, Le Banc-d'Arquin avec ses cabanes « tchanquées » puis, à terre, Cap-Ferret et sa curieuse chapelle algérienne, les églises romanes d'Arès ou de Lanton, le parc ornithologique et botanique du Toich où l'on disposera de trois circuits, de longueurs variables ; l'hydraviation possède son temple à Biscarosse, et le pétrole n'est pas en reste à Parentis où l'on pénétrera dans les Landes de Gascogne : les emplettes à l'airial artisanale de Pissos, précéderont des randonnées pédestres dans la forêt, à vélo, en canoë ou, pourquoi pas à cheval après l'incontournable visite aux différentes antennes de l'écomusée de la Grande Lande où l'on s'initiera à la nature, à l'économie et aux croyances populaires de cette région originale.

les « Plus »

DÉCOUVERTE

Suivre vers le Sud la côte d'Argent : Mimizan avec sa cité romaine ensevelie sous les sables, le Courant de Contis avec ses ruisseaux bordés d'une riche végétation, le beau village de Lévignacq, l'étang de Léon et celui de Soustons qu'on ne découvrira vraiment qu'à pied puis, à l'intérieur des terres, Mont-de-Marsan qui en juillet attire les amateurs de corridas lors des fêtes de la Madeleine et, toute l'année gourmets (foie gras) et férus de sculpture (musée Despiau-Wlerick).

Nulle part ailleurs...

Le paysage des Landes : ce fut un territoire de landes désolées (d'où son nom) bordé de dunes, les plus hautes d'Europe, qui barraient le passage des cours d'eau, d'où les étangs, et que seuls parcouraient des bergers montés sur leurs échasses ; l'homme en a fait au siècle dernier l'immense forêt de pins que nous découvrons aujourd'hui et qui ont complètement transformé la physionomie de la région.

Vignes à perte de vue, domaines aux noms prestigieux, le vignoble bordelais jouit d'un prestige universel. Qui pénètre dans les caves fraîches où flotte encore l'odeur du vin gardera toujours en mémoire la magie de ce breuvage rouge grenat ou jaune doré, aux saveurs si subtiles.

Le vignoble BORDELAIS

47

293 km – Durée 3 jours
Ville de départ suggérée : Bordeaux

Renseignements de dernière minute

Arrivée :

Depuis le Sud, cela sera par Toulouse et l'autoroute des Deux-Mers (à Langon, on traversera la Garonne pour atteindre St-Macaire ; ou, depuis Paris, par l'autoroute A10 (L'Aquitaine) que l'on pourra quitter à St-André-de-Cubzac pour rejoindre le circuit à Lussac-St-Émilon. Mais il serait tellement plus simple de prendre un train ou un avion pour Bordeaux et d'y louer un véhicule !

Pour circuler : cartes n°s 233, 234

Pour visiter : Guide Vert Pyrénées-Aquitaine-Côte Basque

Où séjourner ? Langon, St-Émilion, Bordeaux

Les points forts du circuit

Bordeaux : **Le Bordeaux du 18ᵉ s. Les Chartrons** – ***Cadillac :*** – ***Ste-Croix-du-Mont :*** – ***Château Yquem :*** – ***Malle :*** **Château** – ***Sauveterre-de-Guyenne :*** – ***Moulin de Labarthe :*** – ***St-Émilion :*** **Site Église monolithe** – ***Montagne :*** **Écomusée du Libournais** – ***Château Siran :*** – ***Château Margaux :*** – ***Château Maucaillou :*** **Musée des Arts et Métiers de la vigne et du vin** – ***Château Beychevelle :*** – ***Château Cos d'Estournel :***

Et si on prenait le temps !

Une flânerie dans le vieux Bordeaux, avec les demeures 18e s. du quartier des Chartrons (et le Vinorama) agrémentée suivant ses goûts de la visite des entrepôts Lainé (art contemporain), du musée Goupil (image) ou du croiseur Colbert, nous donnera le temps de choisir par où commencer notre circuit : le long de l'estuaire de la Gironde, à la poursuite des grands Médoc, ou à l'Est, en privilégiant Sauternes et St-Émilion ? C'est affaire de goût, mais sachez qu'au-delà des chais et dégustations, des châteaux aux noms prestigieux, bien des découvertes vous attendent : peintures à Siran, musée des Métiers du vin à Maucaillou, un Fort-Médoc (militaire, lui, et conçu par Vauban), un musée du Cheval à château Lanessan, un port de plaisance à Pauilhac, une église romane à Vertheuil et à Moulis-en-Médoc... À St-Émilion, après avoir admiré le site, on prendra plaisir à flâner dans les rues et à découvrir l'église monolithe et les catacombes et, pour les plus gourmands, dégusté quelques macarons, on découvrira en poursuivant son chemin les églises romanes de St-Georges et de Petit-Palais, l'écomusée de Mortagne, la bastide typique de Sauveterre-de-Guyenne et celle de Ste-Foy-la-Grande, le moulin fortifié de Labarthe ou le château de Rozan, ou encore la maison de la céramique de Sadirac, le château féodal du Grand-Puch, les donjons de Landoiran ou de Budos et le château de Malle qui voué à la fois aux sauternes et aux graves, offre un bel exemple d'œcuménisme œnologique !

les « Plus »

DÉCOUVERTE

Poursuivre le long de l'estuaire de la Gironde pour découvrir à la pointe de Grave, le superbe phare de Cordouan, à 9 km. On pourra aller le visiter en bateau depuis Pointe-de-Grave d'où l'on pourra également embarquer pour longer les falaises de Meschers ; ou alors, l'été, faire la promenade en train touristique jusqu'à la station balnéaire de Soulac-sur-Mer.

Nulle part ailleurs...

Les fameux vins de Bordeaux : un vignoble de 105 000 hectares représentant 12 000 châteaux répartis en 53 appellations relevant de 6 grandes familles ; rouges, tels que les merveilleux médoc, les graves, les st-émilion, les pomerol ; ou blancs comme les sauternes liquoreux, les graves secs, ils sont incomparables !

Qu'il est beau mon pays, chantait Nougaro. Et, accompagné par la voix chaude de ce troubadour des temps modernes, on découvrira Toulouse, Albi ou encore Montauban. Accueillantes et bruissantes de mille vies, ces villes où le verbe se porte haut et où le soleil couchant brûle de ses derniers feux la brique rose.

Villes roses du pays

TOULOUSAIN

48

266 km – Durée 2 jours
Ville de départ suggérée : Toulouse

Renseignements de dernière minute

Arrivée :

En voiture, par l'autoroute des Deux-Mers, depuis Bordeaux, à l'Ouest, ou Narbonne, à l'Est ; ou bien, directement par le Nord par l'autoroute A20 jusqu'à Brive, puis la N20 par Cahors et Montauban : mais c'est bien long et Toulouse est la capitale de l'aéronautique !

Pour circuler : carte n° 235

Pour visiter : Guide Vert Pyrénées-Roussillon albigeois

Où séjourner ? Montauban, Albi, Toulouse

Les points forts du circuit

Toulouse : **Basilique St-Sernin Capitole Hôtel d'Assézat et Fondation Bemberg Musée des Augustins Les Jacobins** – ***Grenade :*** – ***Pente d'eau de Montech :*** - ***Moissac :*** **Portail et cloître de l'abbaye** – ***Montauban :*** **Place Nationale** – ***Cordes-sur-Ciel :*** – ***Gaillac :*** – ***Albi :*** **Cathédrale Ste-Cécile Palais de la Berbie Musée Toulouse-Lautrec Le Vieil Albi** – ***Lautrec :*** – ***Magrin et le Pays du pastel :*** **Château-musée du Pastel Roquevidal En Olivier Montgey St-Julia Loubens-Lauragais**

Et si on prenait le temps !

Cela pourrait être un circuit consacré à la couleur : le rose des villes de briques, le vert des eaux du canal, entre Toulouse et Moissac, les violettes de Toulouse, les couleurs vives des tableaux de Lautrec, les nuances de bleu du pastel du Lauragais. Mais cela pourrait tout aussi bien être un itinéraire gastronomique : cassoulet de Toulouse (on irait aussitôt à Castelnaudary comparer !), charcuteries ou volailles (poularde toulousaine, canard albigeois, chapon du Lauragais). Cela pourrait être un circuit historique, de la cité des comtes Raimond et des capitouls à celle qui prêta son nom aux Cathares, de Muret où fut dissipé l'espoir d'une vaste confédération réunissant Aragon et Languedoc, à Avignonnet où les Inquisiteurs furent massacrés. Cela pourrait être un circuit consacré à la technique, de l'aérospatiale à la pente d'eau de Montech, du pastel à la mégisserie de Graulhet et aux mines de Carmaux. Ce sera surtout un circuit d'art : Toulouse et ses grands monuments, certes, mais aussi les châteaux de brique des environs ; la bastide de Grenade, mais aussi le trésor de Bouillac ; la cathédrale d'Albi et le portail de Moissac, mais aussi St-Michel de Lescure, Notre-Dame de la Drèche, la cathédrale de Lavaur, la petite ville de St-Julia, les vieilles demeures de Lautrec, la cité de l'ail rose, ou encore l'église de Fanjeaux. Et, outre les œuvres albigeoises de Toulouse-Lautrec, l'amateur de peinture visitera avec intérêt le musée Ingres de Montauban ou la fondation Bemberg de Toulouse. Enfin, ce sera l'occasion de flâner agréablement dans la plaine du Lauragais, entre bastides et villages aux demeures de briques.

les « Plus »
DÉCOUVERTE
Au-delà de Cordes, poursuivre vers le Nord-Est dans le Rouergue : le site de Najac, la bastide de Villefranche avec sa belle place Notre-Dame, la forteresse de Peyrusse, l'étrange paysage des mines découvertes de Decazeville, le pur joyau qu'est l'abbatiale Ste-Foy de Conques, Espalion et la chapelle romane de St-Pierre-de-Bessuéjouls et Rodez, enfin, où l'on s'attablerait devant un tripoux ou un aligot... histoire de digérer les cassoulets !

Nulle part ailleurs...

Qu'on le veuille ou non, c'est Toulouse, avec ses douze « boucliers de Brennus » qui est l'incontestable capitale du rugby (prononcez en roulant le r initial et en oubliant le g intermédiaire, peu fait pour des gosiers occitans) : pas un village qui n'ait son équipe dans ce sport, à la fois rude et convivial, soit dans sa version classique (à XV) soit dans son dérivé « hérétique », le jeu à XIII.

La campagne gasconne est jalonnée de bastides témoignant d'un riche passé médiéval. Bastions militaires ou simples géométries urbaines, mais toujours construites en échiquier, ces « villes nouvelles » du Moyen Âge ont gardé le charme des villages qui s'animent les jours de marché.

Les bastides de GASCOGNE

49

270 km – Durée 2/3 jours
Ville de départ suggérée : Auch

Renseignements de dernière minute

Arrivée :

Si vous arrivez de Toulouse (que vous aurez pu rejoindre en train ou en avion), vous attaquerez le circuit à partir de Gimont. Ceux qui arrivent de Bordeaux quitteront l'autoroute à Agen et pourront commencer leur itinéraire à Fleurance ou à Condom.

Pour circuler : cartes n°s 79 et 82

Pour visiter : Guide Vert Pyrénées-Aquitaine-Côte Basque

Où séjourner ? Condom, Mirande, Fourcès

Les points forts du circuit

Auch : **Cathédrale** – ***Mirande :*** – ***Bassoues :*** – ***Marciac :*** – ***Eauze :*** – ***Montréal :*** – ***Fourcès :*** – ***Condom :*** **Musée de l'Armagnac** – ***Flaran :*** **Abbaye** – ***Fleurance :*** – ***St-Clar :*** – ***Beaumont de Lomagne :*** – ***Mauvezin :*** – ***Cologne :*** – ***Gimont :***

Et si on prenait le temps !

Certaines furent fondées par les Anglais, d'autres par les Français : sans doute s'agissait-il de créer les premiers vrais villages de cette région dépeuplée et, entre Gascogne et Guyenne, on n'en compte pas moins de 300, sans oublier les castelnaus, hameaux fondés autour de châteaux ! Cela peut-être une idée de flânerie que de partir à leur découverte aux alentours du circuit proposé. Quelques idées : Valence-sur-Baïse, entre Fleurance et Montréal ; Miradoux, Caudecoste ou Lamontjoie, entre Fleurance et Agen. Mais vous avez bien d'autres possibilités de prendre le chemin des écoliers : à partir de Condom, par exemple, où vous ne manquerez pas le beau village fortifié de Larresingle et la mosaïque de la villa gallo-romaine de Séviac ; à moins que vous ne préfériez explorer le vignoble, ce qui vous permettra de faire quelques arrêts dans les châteaux qui vous proposeront dégustation et vente d'Armagnac. Chemin faisant, dans un paysage qui prend toute sa beauté en automne, vous découvrirez l'église de Mouchan ou le remarquable château du Busca-Maniban, avant d'aboutir sur la place à couverts de Valence-sur-Baïse ou, pourquoi pas, goûter un pousse-rapière au château Monluc où cette boisson fut inventée. Mais vous pouvez également faire, depuis Condom, une promenade en bateau sur la Baïse, d'autant que le trajet s'achève par une visite de chais d'Armagnac ! Mais, quoique vous décidiez, ne manquez pas de consacrer du temps à Auch, patrie de Charles de Batz, le modèle du flamboyant d'Artagnan : la cathédrale Ste-Marie est remarquable et le musée des Jacobins présente des collections importantes consacrées aux civilisations précolombiennes et hispano-américaines, jusqu'aux gauchos argentins dont vous pourrez découvrir l'équipement !

les « Plus »

DÉCOUVERTE

Au Nord de Fleurance, la capitale de la Lomagne, Lectoure, mérite une visite, en particulier pour son site, remarquable et pour son intéressant musée gallo-romain, fameux pour ses autels tauroboliques. De là, en gagnant le hameau de Plieux, vous pourrez visiter le château dont l'écrivain Renaud Camus a fait un lieu d'expositions d'art contemporain.

Nulle part ailleurs...

L'armagnac se décline selon trois sous-régions : le Haut-Armagnac d'Auch, la Ténarèze de Condom et le Bas-Armagnac d'Eauze. Les cépages blancs sont soigneusement réglementés et le vin, sur lie, est ensuite distillé avant d'être placé dans un fût de chêne où il restera deux ans et prendra sa couleur ambrée. Mais la mise en bouteille n'aura lieu que bien des années après, lorsqu'il aura atteint 42°.

Descendants d'une ethnie dont l'origine serait antérieure aux civilisations européennes, les Basques ont la fierté des hommes qui savent affronter les tempêtes et apprivoiser les montagnes. Des paysages fabuleux nous familiarisent avec leur histoire que nous content les cris des bergers descendant vers les villages où le rouge s'inscrit aux volets des maisons, sur les guirlandes de piments séchant au soleil et jusque sur les bérets !

Terre et tradition BASQUES

50

390 km – Durée 3 jours – Ville de départ suggérée : Bayonne

Renseignements de dernière minute

Arrivée :

Vous arriverez à Bayonne par Bordeaux en traversant les Landes sur la N10 ; ou bien, depuis l'Est par l'autoroute A64 (depuis Toulouse) qui vous conduira à Tarbes et à Pau (vous pourrez alors, si vous décidez de privilégier la montagne) prendre la N134 qui vous conduira à Oloron-Ste-Marie. Ou encore, car les voyages risquent d'être longs, prendre le train ou l'avion jusqu'à Bayonne-Biarritz.

Pour circuler : carte n° 85

Pour visiter : Guide Vert Pyrénées-Aquitaine-Côte Basque

Où séjourner ? Ascain, St-Jean-Pied-de-Port, Oloron-Ste-Marie, Biarritz

Les points forts du circuit

Bayonne : **Cathédrale Ste-Marie** – ***Biarritz :*** **Front de mer** – ***St-Jean-de-Luz :*** **Port** **Maison Louis XIV** **Église St-Jean-Baptiste** – ***Ascain :*** – ***La Rhune :*** **Petit train de la Rhune** – ***Ainhoa :*** – ***Espelette :*** – ***Cambo-les-Bains :*** **Villa Arnaga** – ***St-Étienne-de-Baïgorry :*** **Église St-Étienne** – ***St-Jean-Pied-de-Port :*** – ***Mauléon-Licharre :*** – ***Forêt des Arbailles :*** – ***Crevasses d'Holçarté :*** – ***Kakouetta :*** **Gorges** – ***Oloron-Ste-Marie :*** **Église Ste-Marie** – ***St-Palais :*** – ***Isturitz Oxocelhaya :*** **Grottes** – ***Hasparren :***

Et si on prenait le temps !

Suivant ses goûts, on privilégiera la côte basque et ses stations lancées, comme l'élégante Biarritz, par Eugénie de Montijo (sait-on que c'est à elle que l'on doit l'apparition de la corrida en France ?), St-Jean-de-Luz ou, plus au Sud, le domaine d'Abbadia et l'on poursuivra jusqu'à la frontière espagnole, avec Hendaye (souvenir de Loti) ou encore le village de Biriatou ; dans l'arrière-pays, Arcangues attirera les fans de Luis Mariano et Cambo, ceux d'Edmond Rostand qui visiteront la villa d'Arnaga où vécut l'auteur de Cyrano. Préfère-t-on la montagne ? entre St-Jean-Pied-de-Port et Oloron, les lieux de randonnées ne manquent pas ; en particulier dans la Haute Soule, autour de la forêt des arbailles, avec crevasses, gorges (celles, superbes, de Kakouetta), cols, vallées étroites et paysages magnifiques. Mais désire-t-on faire connaissance avec les traditions et la culture vive de ce peuple original ? Alors, on parcourra Ascain, on découvrira le gr de la Rhune (qui sert à édifier les clôtures des maisons basques), le haut vallon de la Sare avec ses brebis « manech » et ses chevaux « Pottock », le col de Lizarrieta, grand rendez-vous des chasseurs de palombes, le village magique d'Ainhoa, Espelette et ses piments séchés, Larressore où se fabriquent les « makhilas » ou encore St-Palais, conservatoire des traditions et des jeux basques. Et, début août pourquoi ne pas aller s mêler au peuple basque dor on appréciera l'accueil ch leureux lors des grandes fêt de Bayonne ?

les « **Plus** »

DÉCOUVERTE

Ce pourrait être suivre le chemin de Saint-Jacques, depuis Oloron-Ste-Marie où il est bordé aujourd'hui de sculptures modernes au Somport (par la vallée d'Aspe) : on découvrira le pittoresque village d'Escaut, Aydius, Lescaun et son cirque ; ou, de St-Palais à Roncevaux, par St-Jean-Pied-de-Port ; enfin, depuis St-Étienne-de-Baïgorry découvrir la vallée des Aldudes et le curieux Pays Quint, à la fois espagnol et français.

Nulle part ailleurs...

Les jeux de force, opposant des équipes dans huit épreuves, inspirées du travail de la ferme : d'un lever de charrette (orga yoko) au découpage à la hache de troncs (segari), le tout culminant dans le soka tira, ou tir à la corde. L'enjeu ? Il est de taille, c'est l'honneur du village. Et, bien sûr, les différentes variétés de pelote basque au fronton (grand chistera), au fronton couvert (le jaï alaï), en salle (trinquet) ou face à face (pasaka), au chistera ou à main nue, individuel ou en équipes.

Au cœur des Pyrénées, la nature préservée vous offre gaves tumultueux, ascension et descente de cols prestigieux, cirques et pics, tandis que lieux historiques, sanctuaires et stations touristiques se succèdent tout au long de cet itinéraire.

Gaves et grands cols du

BÉARN ET DE LA BIGORRE

51

392 km – Durée 3 jours – Ville de départ suggérée : Pau

Renseignements de dernière minute

Arrivée :

Vous arriverez à Pau par Toulouse en utilisant l'autoroute A34 ; ou par Agen, Auch et la N21 ; ou encore, depuis Bayonne par l'autoroute A64. Mais il est sans doute plus aisé d'y arriver en avion (soit à Pau directement, soit à Bayonne-Biarritz, soit à Toulouse) et de louer une voiture à l'aéroport.

Pour circuler : carte n° 85

Pour visiter : Guide Vert Pyrénées-Aquitaine

Où séjourner ? Lourdes, Bagnères-de-Luchon, La Mongie

Les points forts du circuit

Pau : **Panorama depuis le boulevard des Pyrénées – *Gave d'Ossau :* – *Route de l'Aubisque :* Gourette Col de l'Aubisque Col du Soulor – *Lourdes :* Centre de pèlerinages Château – *Bagnères-de-Bigorre :* Grotte de Médous – *Capvern-les-Bains :* – *St-Bertrand-de-Comminges :* Cathédrale Ste-Marie-de-Comminges – *Valcabrère :* Basilique St-Just – *Bagnères-de-Luchon :* Vallée de la Pique Lac d'Oô – *Col d'Aspin :* – *La Mongie :* Le Taoulet – *Pic du Midi de Bigorre :* – *Col du Tourmalet :* – *Luz-St-Sauveur :* Église fortifiée – *Bétharram :* Sanctuaire et grottes**

Et si on prenait le temps !

Aubisque, Soulor, Aspin, Tourmalet… ajoutons-y Peyresourde pour faire bonne mesure et l'on obtient une de ces étapes pyrénéennes naguère réservées aux grimpeurs ailés, tel « l'Aigle de Tolède », qui ont fait connaître ces noms de tous. Vous avez vu ces paysages grandioses, envahis par la foule avec l'obsédant bruit de fond des hélicoptères et des avertisseurs. Vous les découvrirez aujourd'hui dans leur austère et silencieuse solitude, sauf si vous venez au mois de juillet, bien entendu ! Vous découvrirez aussi ces pays, possédant chacun son identité propre : le Comminges, au débouché du Val d'Aran, entre Garonne et Peyresourde, marqué par la ferveur religieuse, ses églises peintes (vallée du Louron), les paysages du val de Pique et le lac d'Oô, mais aussi la station de Superbagnères ; la Bigorre, entre Vignemale et Balaïtous, et ses paysages de haute montagne : torrents, cirques (Troumouse, mais surtout Gavarnie) ; l'Ossau avec ses lacs (Ayous, Artouste), son petit train touristique à 2 000 m d'altitude. Le Béarn, parcouru de gaves, la terre de « Nouste Henric », le futur vert galant : la belle route du Somport, les gorges du Bitet, mais aussi sa capitale, Pau avec son curieux quartier anglais et, pour les amateurs de miel, une cité des abeilles qui ne manque pas d'intérêt. Si l'hiver est réservé aux skieurs, vous pourrez effectuer l'été nombre de randonnées, de difficultés variables, en ayant bien soin de prendre quelques précautions : vous ne rencontrerez sans doute pas d'ours mais les orages sont aussi fréquents que soudains !

les « Plus »

DÉCOUVERTE

Le massif de Néouvielle mérite à lui seul qu'on lui consacre une bonne journée : vous pourrez le découvrir depuis St-Lary-Soulan, une fois les routes déneigées (pas avant juin !) en empruntant des routes pas toujours revêtues et souvent fort étroites : mais cascades, rivières, lacs (il y en a une centaine) justifient amplement l'expédition qui se fera, en grande partie, à pied.

Nulle part ailleurs...

Il reste quelques ours bruns dans les Pyrénées, dans les forêts au-dessus des vallées d'Aspe et d'Ossau. Pas beaucoup hélas, d'autant que les malheureux sont accusés de tous les maux et guère appréciés des agriculteurs locaux qui n'ont pas vu d'un œil bienveillant l'introduction en Béarn d'ours venant des Balkans ; autre espèce en voie de disparition, le lynx : quelques exemplaires survivraient encore de nos jours.

Au confluent de plusieurs vallées au décor attrayant, le val d'Ariège délivre à qui veut bien l'entendre le secret et le mystère de ses hautes falaises calcaires percées de grottes, où l'histoire de nos très lointains ancêtres sommeille encore.

L'ARIÈGE
préhistorique
52

140 km – Durée 2 jours
Ville de départ suggérée : Saint-Girons

Renseignements de dernière minute

Arrivée :

Le plus simple est de vous rendre en train ou en avion à Toulouse ; de là, vous pourrez rejoindre l'itinéraire en empruntant l'autoroute A64 jusqu'à Salies-du-Salat d'où vous atteindrez St-Girons par la D117 ; ou bien, si vous venez du Sud-Est, quitter l'autoroute à Carcassonne et rejoindre Foix par Mirepoix.

Pour circuler : carte n° 86

Pour visiter : Guide Vert Pyrénées-Roussillon albigeois

Où séjourner ? Foix, Tarascon-sur-Ariège

Les points forts du circuit

St-Girons : **Grotte et musée de la Préhistoire du mas d'Azil** – ***Rivière souterraine de Labouiche :*** – ***Foix :*** **Château Musée départemental de l'Ariège** – ***Lombrives :*** **Grotte** – ***Grotte de Niaux :*** – ***Grotte de la Vache :*** – ***Parc pyrénéen de l'art préhistorique :*** – ***Grotte de Bédeilhac :***

Et si on prenait le temps !

Prendre son temps, n'est pas le perdre : après tout, vous rendez visite à vos ancêtres et vous leur devez bien ça ! Aussi, oubliez les horaires et laissez-vous porter par l'inspiration. Pourquoi justement après avoir rendu hommage à Gaston Fébus en sa forteresse fuxéenne et, pourquoi pas, cherché à découvrir quelque paillette d'or dans les eaux de l'Ariège en direction de Pamiers, n'emprunteriez-vous pas la route verte, puis celle de la Crouzette pour rejoindre Tarascon-sur-Ariège : très jolies vues et paysages verdoyants, propices à une halte (ou à quelque promenade) se succèdent jusqu'au col de Port où l'on entre dans les Pyrénées méditerranéennes, moins vertes et plus âpres. Tarascon sera votre point d'ancrage dans votre quête de la Préhistoire puisque outre le remarquable parcours d'initiation tracé dans le parc pyrénéen d'art pariétal, vous aurez accès aux grottes ornées du Sabarthès, celles de Niaux, de la Vache, de Bédeilhac et de Lombrives : une véritable encyclopédie de l'art pariétal ! Une petite escapade : poussez jusqu'à Ax-les-Thermes (après le gisement de talc de Luzénac) : vous ne serez certes pas obligé de prendre les eaux dans cette station climatique, mais pourrez découvrir de belles vallées comme Orlu où, peut-être apercevrez-vous un isard, monter sur le plateau de Bonascre (avec une télécabine conduisant au plateau du Saquet à 2 000 m d'altitude), découvrir le panorama du pic de Serembarre ou celui depuis le Signal de Chioula où la gentiane sauvage pousse en abondance.

les «**Plus**»

DÉCOUVERTE

Une excursion vers Mirepoix vous permettra de découvrir les couverts de cette bastide qui fut attribuée à un descendant de Guy de Lévis, lieutenant de Simon de Montfort. Non loin, en direction de Pamiers, le minuscule village de Vals possède une étonnante église romane décorée de peintures murales du 12e s. au dessin très stylisé.

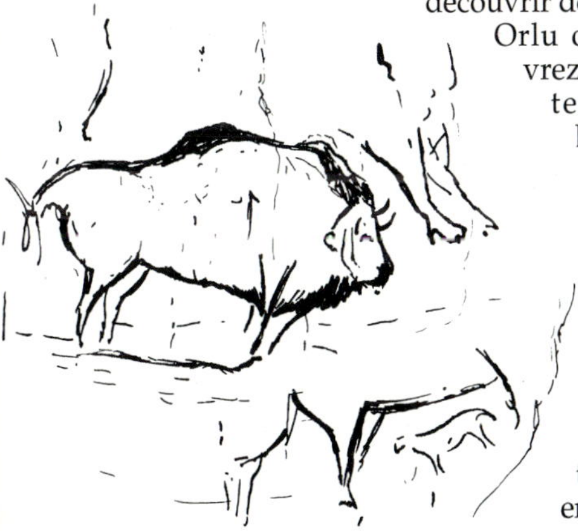

Nulle part ailleurs...

Bien sûr, nul ne saurait prétendre que le cassoulet a été inventé à Foix ! N'empêche qu'il en existe une variante locale qui justifie un arrêt dans la capitale du Comté (après tout, on cultive les haricots à Lavelanet). À moins que vous ne préfériez essayer le saucisson de foie d'oie de la voisine Varilhès. Vous terminerez alors par des fromages ariégeois, tels que le délicieux Bethmale avant un miasson (flan).

De nombreux châteaux, pour certains véritables « citadelles du vertige » se dressent dans le paysage des Corbières. Simples garnisons ou refuge pour les cathares pourchassés par l'Inquisition, ils exaltent l'imagination, parmi vignobles et garrigues.

Châteaux CATHARES

53

240 km – Durée 2 jours
Ville de départ suggérée : Carcassonne

Renseignements de dernière minute

Arrivée :

Située sur le trajet de l'autoroute des Deux-Mers, Carcassonne st facile à atteindre par la route depuis Toulouse (où l'on pourra louer une voiture à l'aéroport), Perpignan (qui peut aussi servir de point de départ) et Montpellier.

Par le train, elle se trouve sur la ligne transversale Nice-Bordeaux.

Pour circuler : carte n° 86

Pour visiter : Guide Vert Pyrénées-Roussillon albigeois

Où séjourner ? Rennes-les-Bains, Perpignan,
Duilhac-sous-Peyrepertuse, Carcassonne

Les points forts du circuit

Carcassonne : **La Cité** – ***Rennes-le-Château :*** – ***Gorges de Galamus :*** **Ermitage St-Antoine** – ***Musée de Tautavel :*** – ***Aguilar :*** **Château** – ***Grau de Maury :*** – ***Quéribus :*** **Château** – ***Peyrepertuse :*** **Château** – ***Termes :*** **Château** – ***Lagrasse :*** **Abbaye**

Et si on prenait le temps !

Quoi de mieux que la fabuleuse Cité de Carcassonne, fief des Trencavel, pour entamer ce périple en ces terres où flotte toujours un halo de mystère ? La sévère vallée de l'Aude, vous permettra de découvrir la jolie cité de Limoux et Rennes-le-Château où la soudaine fortune de l'abbé Saunière attire encore bien des chercheurs de trésors. Alet-les-Bains, avec sa vieille ville et sa cathédrale de grès rouge (sur laquelle le soleil couchant aime à jouer tandis que les partisans de l'ésotérisme fantasment à tout va. Cathares obligent !), mérite une visite avant Quillan d'où vous pourrez rejoindre (après une ascension vers le château de Puilaurens, belle occasion de se dégourdir les jambes) les fantastiques gorges de Galamus où se niche l'ermitage Saint-Antoine dans un site admirable ! Un bond dans la Préhistoire ? Rendez donc une petite visite à l'homme de Tautavel qui se fera un plaisir de vous faire découvrir sa vie quotidienne en son splendide musée. Vous retrouverez ensuite le vignoble où de nombreuses caves vous permettront quelques emplettes (Corbières et Fitou) autour de la silhouette mélancolique d'Aguilar. Non loin, le Grau de Maury (où l'on produit un vin doux naturel) donne accès au site magnifique du château de Quéribus, avant les dentelles de pierre de Peyrepertuse et le château de Termes qui vaut surtout par sa vue sur les gorges de Terminet et précédera une halte à Lagrasse, dont la majestueuse abbaye ne doit pas faire négliger le village fortifié.

les « **Plus** »

DÉCOUVERTE

Un approfondissement du pays Cathare ? Depuis Rennes-les-Bains, par Quillan, vous pourrez accéder au château de Puivert (où Tavernier tourna *La Folie Béatrice*) et à la citadelle de Montségur, où s'acheva la croisade.
Et pourquoi pas une incursion sur le plateau de Sault avec ses forêts de sapins où de multiples randonnées sont possibles ?

Nulle part ailleurs...

Limoux, fameuse pour sa blanquette, l'est aussi pour son carnaval qui, de janvier à mars, réunit tous les dimanches les fecas (Pierrots) suivis des godils déguisés et masqués qui dansent accompagnés par une musique lente sous les confettis, le soir à la lueur des « entorchas » qui embaument l'air de leur odeur de résine !

Au cœur des Pyrénées catalanes, le Roussillon s'est trouvé au point de confluence des influences mozarabes et carolingiennes. De ce mélange, est né un art roman dont la pureté des lignes et la richesse des décors en marbre rose confèrent aux églises une beauté particulière.

LE ROUSSILLON

roman

54

216 km – Durée 3 jours
Ville de départ suggérée : Perpignan

Renseignements de dernière minute

Arrivée :

Il n'y a guère d'autre solution que d'emprunter l'A9 jusqu'à Perpignan, point de départ (presque) obligé de l'itinéraire que vous pouvez également rejoindre en train (quelques Talgo en provenance de Montpellier font la jonction avec les TGV de Paris, Genève ou Lille), voire en avion.

Pour circuler : carte n° 86

Pour visiter : Guide Vert Pyrénées-Roussillon albigeois

Où séjourner ? Collioure, Céret, Vernet-les-Bains

Les points forts du circuit

Perpignan : **Palais des rois de Majorque Cathédrale Saint-Jean** – ***Elne :*** **Cloître de la Cathédrale** – ***Collioure :*** – ***Saint-André :*** **Église** – ***St-Génis des Fontaines :*** **Église** – ***Le Boulou :*** **Église** – ***St-Martin-de-Fenollar :*** **Chapelle** – ***Céret :*** **Musée d'Art moderne** – ***Arles-sur-Tech :*** **Église** – ***Prieuré de Serrabone :*** – ***St-Michel de Cuxa :*** **Abbaye** – ***St-Martin du Canigou :*** **Abbaye** – ***Corneilla-de-Conflent :*** **Église** – ***Villefranche-de-Conflent :*** **Ville forte Fort Libéria** – ***Ille-sur-Têt :*** **Hospici d'Illa**

Et si on prenait le temps !

Amateurs d'art roman, ici, vous ne saurez où donner de la tête, surtout si vous aimez aussi la peinture moderne ! Quant aux gourmets, entre anchoïade de Collioure, ollada, cargolade ou « boles de picolat », ils n'auront que l'embarras du choix ! Certes, seuls les thuriféraires de Dalí trouveront du charme à la gare de Perpignan, mais la capitale de la Catalogne-Nord avec son palais, le musée Hyacinthe-Rigaud et sa cathédrale ne manque pas d'attraits. Le circuit permettra de découvrir Collioure (qui inspira les Fauves) et les vignobles de Banyuls qui dominent une mer au bleu insoutenable. Vous enfonçant dans la vallée du Tech, parmi les torrents, les villages bâtis de pierres sèches, d'étonnantes étapes (telles que le musée de la Poste de Palalda) permettront à certains de prendre les eaux, d'autres préférant sans doute partir à l'assaut de sentiers escarpés. Après le musée de Céret (un hymne à la couleur), Serrabonne avec son balcon roman ne peut que plonger dans la sérénité. Les mélomanes convoqueront à St-Michel de Cuxa les mânes de Pau Casals (tout en regrettant qu'une partie du cloître soit à New York) avant Villefranche-de-Conflent et l'ascension de Fort-Libéria par son escalier souterrain qui devrait être une parfaite mise en jambes pour l'attaque du Canigou, montagne emblématique des Catalans. Les littéraires prendront leur revanche à Ille-sur-Têt avec une lecture de la nouvelle de Mérimée, chef-d'œuvre de la littérature fantastique.

les « **Plus** »

DÉCOUVERTE

Le fameux petit train jaune qui, à grand renfort de coups de sifflets permet d'aller de Vernet-les-Bains et la tour de Carol par le Conflent. Paysages magnifiques qu'il faut savoir prendre le temps de savourer.

Nulle part ailleurs...

Outre la sardane qui est une véritable affirmation d'identité catalane, le Roussillon a conservé des traditions catalanes telles que la fête de l'Ours dans les vallées montagneuses et, à Perpignan, l'impressionnante procession de la Sanch où les mistèris sont accompagnés de pèlerins cagoulés revêtus de la caperutxa !

Issus d'un passé géologique mouvementé, les Causses et les Cévennes dévoilent au détour d'une petite route sinueuse, des paysages surprenants où la nature règne en maîtresse. Sous un ciel traversé par les rapaces, sur les plateaux désertiques et majestueux ou au fond des gorges où l'eau bouillonne, tout un monde minéral, végétal et animal vit là au rythme des saisons.

Merveilles naturelles des Cévennes et des GRANDS CAUSSES

55

368 km – Durée 2 jours
Ville de départ suggérée : Millau

Renseignements de dernière minute

Arrivée :

Vous pouvez atteindre Millau par la voie rapide A75 venant de Clermont-Ferrand, si vous arrivez du Nord. Venant du Sud, l'E11 que vous prendrez à la sortie de Montpellier vous amènera sur le plateau du Larzac ; de l'Est ou de l'Ouest, ce sera l'occasion de commencer votre découverte, que vous arriviez de Toulouse (par Rodez), de Lyon (par Le Puy) ou Montélimar (par Aubenas et Mende) !

Pour circuler : carte n° 80

Pour visiter : Guide Vert Languedoc - Gorges du Tarn-Cévennes

Où séjourner ? Meyruèis, Le Vigan, Le Rosier

Les points forts du circuit

Millau : **Musée de Millau** – ***La Couvertoirade :*** – ***Cirque de Navacelles :*** – ***Mont Aigoual :*** – ***Bramabiau :*** **Abîme** – ***Aven Armand :*** – ***Ferme caussenarde d'Hyelzas :*** – ***Causse Méjean :*** – ***Ste-Enimie :*** **Points de vue sur les canyons du Tarn** – ***Sabot de Malepeyre :*** – ***Gorges du Tarn :*** **Point Sublime** – ***Gorges de la Jonte :*** – ***Dargilan :*** **Grotte** – ***Chaos de Montpellier-le-Vieux :***

Et si on prenait le temps !

Prendre le temps cela pourra être une flânerie sur le causse du Larzac : visiter la maison du Larzac dans la bergerie de la Jasse, écomusée vous permettant de découvrir les activités traditionnelles du lieu ; ou bien partir à la découverte des villages des Templiers, La Cavalerie et Ste-Eulalie-de-Cernon ; et, bien sûr visiter une cave de roquefort et y faire quelques achats ! Cela pourra être, pousser une pointe vers St-Guilhem-le-Désert, visiter la belle abbatiale et flâner dans les ruelles de ce village où se sont installés de nombreux artisans d'art. Ou, bien, à partit du Vigan, emprunter les gorges de l'Hérault, jusqu'à Ganges, capitale du bas de soie et St-Hippolyte-du-Fort où la sériculture est en plein renouveau (un écomusée retrace son histoire et dévoile les techniques d'une activité qui fit longtemps vivre les Cévennes). Peut-être, à partir d'Anduze, haut lieu du protestantisme cévenol, après une promenade rafraîchissante dans les allées de la bambouseraie de Prafrance et une visite au musée du Désert (à Mialet), voire une baignade dans le Gardon, préférerez-vous emprunter la superbe corniche des Cévennes : il vous suffit alors d'aller à St-Jean-du-Gard (où un excellent musée des Vallées cévenoles vous dira tout sur la culture des châtaigniers et l'élevage des vers à soie). La corniche est une merveille, surtout si s'amoncellent au loin les nuages annonciateurs d'un de ces orages aussi violents que soudain, fréquents en Cévennes : cela peut alors être un souvenir inoubliable ! Et, après avoir rejoint l'itinéraire à Ste-Enimie, que diriez-vous de vous en écarter une fois encore pour une flânerie dans les rues de Mende agrémentée d'une visite à la coopérative des artisans de Lozère ?

les «**Plus**»

DÉCOUVERTE

Ce sera descendre les gorges du Tarn en barque à partir de la Malène, en profitant du soleil matinal. Ou, si vous êtes expérimenté et ne craignez pas les rapides, louer un canoë et, pourquoi pas, passer la journée au bord de l'eau : baignade, pique-nique et découverte pédestre. Ou encore, si vous avez la possibilité d'y consacrer une journée, vous lancer dans une des randonnées possibles sur les corniches.

Nulle part ailleurs...

Difficile de trouver ailleurs, sur un territoire aussi réduit, tant de curiosités géologiques ! Outre celles qui figurent dans l'itinéraire, vous pourrez, si le cœur vous en dit, visiter les grottes de Trabuc (près d'Anduze), des Demoiselles (au Sud de Ganges) ou de Clamouse (près de St-Guilhem-le-Désert). Un chaos ? Celui de Nîmes-le-Vieux, sur le causse Méjean. Un cirque ? Celui de Mourèze aux environs de Clermont-l'Hérault...

Enchâssés parmi des reliefs tourmentés, les grands lacs savoyards, vestiges des grandes glaciations de l'ère quaternaire, offrent depuis leurs rivages de majestueuses perspectives où se succèdent stations estivales et vénérables édifices chargés d'histoire.

Les grands lacs SAVOYARDS

56

400 km – Durée 3 jours
Ville de départ suggérée : Annecy

Renseignements de dernière minute

Arrivée :

Il sera pour tous (sauf si vous venez de Suisse) plus commode de commencer le circuit à Annecy : venant du Nord, vous quitterez l'autoroute du Soleil à Mâcon où vous prendrez Bourg-en-Bresse, puis Nantua ; venant du Sud, vous laisserez l'A7 à Valence et arriverez à Annecy par Grenoble et Chambéry. À moins qu'on ne préfère rejoindre directement Genève en TGV.

Pour circuler : carte n° 89

Pour visiter : Guide Vert Alpes du Nord

Où séjourner ? Thonon-les-Bains, Faverges, Évians-les-Bains, Annecy

Les points forts du circuit

Annecy : **Bord du lac Vieil Annecy** – ***La Roche-sur-Foron :*** – ***Genève :*** **Bord du lac** – ***Yvoire :*** **Village médiéval** – ***Évian-les-Bains :*** **Bord du lac Promenades en bateau** – ***Morzine-Avoriaz :*** – ***Menthon-St-Bernard :*** **Château** – ***Talloires :*** **Site** – ***Col de la Forclaz :*** – ***Duingt :*** **Bord du lac** – ***Sevrier :*** **Musée de la Cloche** – ***Aix-les-Bains :*** **Bord du lac** – ***Hautecombe :*** **Abbaye (en bateau)**

Et si on prenait le temps !

Certes, on arpentera les vieilles rues d'Annecy : mais on tournera aussitôt le dos au lac (provisoirement !) pour rejoindre le Léman : un petit crochet sur la droite pour découvrir le château de Thorens, à moins qu'on ne préfère emprunter la route du Salève et aller découvrir le panorama en téléphérique (on aura également accès, mais à pied, à la table d'orientation des Treize Arbres). On flânera le long du Léman, de Genève (amateurs d'art, on ne manquera pas le Petit-Palais, non loin des bulbes dorés de l'église russe) à Évian, s'autorisant toutefois une incursion à l'intérieur des terres dans le Chablais : par les gorges du Pont du Diable, de Thonon à Morzine ; ou par la route des Trois Cols, entre Thonon et St-Jeoire ; ou encore on suivra les rives du lac jusqu'à St-Gingolph qui mi-français, mi-suisse a dû dédoubler tous ses bâtiments publics, à l'exception du cimetière ! On gagnera le petit lac de Montriond et ses sentiers ombragés et peut-être poussera-t-on par le col de Joux-Plane jusqu'au cirque du Fer-à-Cheval ou la cascade du Rouget, à moins qu'on ne préfère explorer le massif des Aravis : par Bonneville et la D12 le long des gorges des Éveaux puis des Étroits. On pourrait alors retrouver le lac d'Annecy après la Clusaz, à Menthon : on s'accorderait, bien entendu une pause à Talloires avant de poursuivre notre tour du lac (au besoin par la route de la Forclaz) jusqu'à Sévrier et de gagner alors Aix-les-Bains d'où l'on pourra, sur le lac du Bourget, naviguer jusqu'à Hautecombe.

les « Plus »

DÉCOUVERTE

Ce sera à l'Ouest d'Annecy les fantastiques gorges du Fier qu'on parcourra sur des galeries accrochées sur les parois rocheuses dans une étrange lumière.
Ou bien effectuer en voiture le tour du lac du Bourget et, entre Yenne et le Bourget-du-Lac, aller à pied découvrir le panorama depuis le Molard Noir.

Nulle part ailleurs...

C'est dans le beau village médiéval d'Yvoire l'ancien potager du château, aménagé en jardin des Cinq Sens : jardin du goût, avec des fruits, jardin des couleurs, jardin des senteurs et jardin des textures aménagés dans un labyrinthe végétal. Il manque l'ouïe ? Que nenni ! faisans et tourterelles, dans la volière située au centre, sont là pour satisfaire ce cinquième sens.

Idéalement placé au confluent de la Saône et du Rhône, Lyon a su tirer parti de sa situation pour son développement économique comme pour son rayonnement culturel. L'axe naturel de la vallée du Rhône a favorisé les échanges avec l'Italie : en témoignent aujourd'hui les nombreux vestiges gallo-romains et Renaissance.

Le carrefour LYONNAIS

57

250 km – Durée 2 jours
Ville de départ suggérée : Lyon

Renseignements de dernière minute

Arrivée :

Rien de plus facile que de gagner Lyon à la croisée des chemins (en l'occurrence les autoroute A6, A7, A42, A43 et A47) ! D'autant que la ville est reliée par navette TGV à Paris et à Lille et que l'aéroport de Satolas est fort bien desservi.

Pour circuler : carte n° 88

Pour visiter : Guide Vert Vallée du Rhône

Où séjourner ? Bourgoin-Jallieu, Lyon

Les points forts du circuit

Lyon : **Le Vieux Lyon Musée de la Civilisation gallo-romaine Théâtres romains Musée des Beaux-Arts Musée historique des Tissus Ateliers de Soierie vivante** – ***Pérouges :*** **Vieux village** – ***Crémieux :*** **Parc archéologique de Larina** – ***La Côte-St-André :*** **Musée Berlioz** – ***Vienne :*** **Monuments romains Cathédrale St-Maurice Ancienne église St-Pierre Cité gallo-romaine de St-Romain-en-Gal** – ***Éveux :*** **Couvent** – ***Rochetaillée-sur-Saône :*** **Musée Henri-Malartre**

Et si on prenait le temps !

Il faudra découvrir Lyon, ville chaleureuse bien éloignée de l'image qu'on s'en fait généralement. Le vieux Lyon, en particulier, dans la boucle de la Saône, est propice à de longues flâneries et les gourmets ne manqueront pas l'occasion de tester in situ la capitale mondiale de la gastronomie ! Après la visite de Pérouges et de sa superbe place de la Halle et, peut-être, un crochet dans les Dombes, vous pourriez emprunter, le long du Rhône, la route de l'île Crémieu, ce plateau de falaises et d'étangs dont les maison sont recouvertes de lauzes. Après avoir rejoint par la D65 les grottes de Balme, vous traverseriez le hameau de Torjonas et St-Baudille-de-la-Tour par la D52b (ou encore la D52a avec le parc archéologique de Larina et, à Annoisins-Chatelans, le musée de la Lauze) pour rejoindre Crémieu. Plus au Sud, après la Côte-St-André, vous pourriez retrouver le Rhône à St-Vallier et, après l'avoir traversé en direction d'Andance gagner agréablement Vienne par la N86, traversant Champagne et son église, Serrières et le fort intéressant musée des Mariniers du Rhône avec ses « croix des Équipages », Malleval au-delà de ses gorges (c'est le point de départ du sentier Flore, un des huit sentiers thématiques tracés dans le Parc naturel du Pilat où d'aucuns ne manqueront pas de s'attarder, en particulier les randonneurs et ceux qu'intéressent les métiers anciens) avant, pourquoi pas, de contourner la cité des « gones » par l'Ouest, avec les arches de Chaponost d'où vous pourrez rejoindre les monts du Lyonnais.

les « **Plus** »

DÉCOUVERTE

Au Nord de Pérouges, la Dombes avec son millier d'étangs et son architecture de pisé : vous pourrez y effectuer un circuit autour de Villars-les-Dombes avec Sandrans et sa « poype », l'église romane de St-Paul-de-Varax, le Grand Marais de Dompierre-sur-Veyle, la belle ville de Châtillon-sur-Chalaronne... et très bien manger, ce qui ne gâte rien !

Nulle part ailleurs...

Les « traboules » caractéristiques du vieux Lyon : certaines sont accessibles au public (mais il sera prudent de s'en procurer la liste auprès de l'Office de tourisme) et il faudra les parcourir avant de s'attabler sur le coup de 10 heures du matin devant une assiette de charcuterie arrosée de beaujolais dans un des nombreux « bouchons » du quartier.

Par la variété de spectacles qu'offrent la succession de dômes enneigés séparés par des escarpements rocheux, d'aiguilles, de longues langues glacières et la majestueuse silhouette du Mont Blanc, le cirque Blanc ne pourra qu'émerveiller les amateurs de paysages grandioses.

Le CIRQUE BLANC

58

230 km – Durée 2 jours
Ville de départ suggérée : Chamonix-Mont-Blanc

Renseignements de dernière minute

Arrivée :

On pourra atteindre Chamonix depuis Mâcon, par Bourg-en-Bresse et Annemasse, en empruntant l'A40 ; depuis Lyon, l'A43 nous conduira jusqu'à Albertville d'où l'on pourra prendre le circuit, au choix à Megève, au cormet de Roselend ou à Bourg-Saint-Maurice.

Pour circuler : carte n° 89

Pour visiter : Guide Vert Alpes du Nord

Où séjourner ? Bourg-Saint-Maurice, Chamonix, Megève

Les points forts du circuit

Chamonix-Mont-Blanc : **Mer de Glace Aiguille du Midi** – ***Argentières :*** **Réserve naturelle des Aiguilles-Rouges** – ***Combloux :*** **Panorama sur le Mont Blanc** – ***Megève :*** **La station** – ***Boudin :*** **Village typique Barrage et lac de Roselend** – ***Petit-Saint-Bernard :*** **Route** – ***Courmayeur :*** **Tunnel du Mont-Blanc**

Et si on prenait le temps !

On n'aura que l'embarras du choix : songez que Chamonix dispose de plus de 300 km de sentiers, de difficultés variables et qu'on peut même y skier l'été dans la combe de la vallée Blanche ! Une entrée en matière ? Le Musée alpin qui retrace l'histoire de l'alpinisme, ainsi que des débuts du ski. Puis, bien équipés (chaussures de montagne et lunettes de soleil indispensables), on partira en randonnée au lac Blanc, de la Flégère à Planpraz ou du Plan de l'Aiguille à Montenvers. Envie de respirer l'air des cimes et de découvrir de superbes panoramas ? Téléphériques et télécabines nous conduiront à l'Aiguille du Midi, au Brévent ou à la Flégère. Et, si l'on ne se sent guère l'âme sportive, le chemin de fer du Montenvers nous conduira à 20 km à l'heure jusqu'à la sublime Mer de Glace ! Il serait dommage toutefois de ne pas continuer le circuit : Argentières vous offrira de très belles randonnées pédestres et le sentier écologique de la réserve des Aiguilles-Rouges permettra de découvrir la faune et la flore d'altitude, tout en profitant de vues magnifiques. Et que dire de Megève d'où vous pourrez atteindre le mont Joly et, si vous êtes un peu plus endurant, le mont de Vorès ? Plus tranquille, le site de Combloux vous ravira et le hameau de Boudin vous changera agréablement des gigantesques stations de sports d'hiver ! Vous découvrirez ensuite en voiture de superbes paysages : le mélancolique lac de Roselend, la solitude désertique du cormet, la belle route du Petit-Saint-Bernard (vous pourrez trouver à Séez les fameux draps de Bonneval, visiter au col un jardin botanique ou randonner vers Lancebranlette pour y découvrir une vue admirable) jusqu'à la frontière. Une incursion en Italie et, à Entrèves, le tunnel du Mont-Blanc vous ramènera, sous le massif, à Chamonix.

les « **Plus** »

DÉCOUVERTE

Ce sera prendre la télécabine qui, de Chamonix vous conduira en 9 minutes au Plan de l'Aiguille ; puis, de là, en 8 minutes, à l'aiguille du Midi ; et enfin la télécabine qui, en 35 minutes, survolera le glacier du Géant et la vallée Blanche et vous conduira à travers un paysage magnifique à la pointe Helbronner d'où vous jouirez d'un extraordinaire panorama !

Nulle part ailleurs...

C'est au début du mois de juillet, lorsque les vaches montent à l'alpage de Balme, au Nord d'Argentières où la tradition de la transhumance reste toujours vivante, que vous aurez peut-être la chance d'assister à d'étonnants combats de vaches !

Le Vercors, citadelle naturelle du Dauphiné, offre une variété exceptionnelle de paysages où s'exalte la nature sauvage que parcourt un réseau routier dense doté d'ouvrages audacieux. Tranchant avec cet univers tourmenté, la basse vallée de l'Isère étage sur ses coteaux ensoleillés un chapelet de bourgades au riche patrimoine.

Plaines et montagnes du DAUPHINÉ

59

254 km – Durée 2 jours
Ville de départ suggérée : Grenoble

Renseignements de dernière minute

Arrivée :

Depuis le Sud, on quittera l'autoroute A7 à Valence pour rejoindre Grenoble par l'A49 (mais on pourra tout aussi bien commencer l'itinéraire à Romans) ; depuis le Nord, on arrivera par Lyon (en voiture, en TGV ou en avion) et l'on descendra sur Grenoble par l'autoroute A43.

Pour circuler : carte n° 244

Pour visiter : Guides Verts Alpes du Nord et Vallée du Rhône

Où séjourner ? Voirons, Grenoble, Villard-de-Lans

Les points forts du circuit

Grenoble : **Musée de Grenoble** – **Musée Dauphinois** – ***Gorges de la Bourne :*** – ***Grottes de Choranche :*** – ***Pont-en-Royan :*** **Site** – ***Les Grands Goulets :*** – ***Mémorial du Vercors :*** – ***Forêt de Lente :*** – ***Combe Laval :*** – ***Romans-sur-Isère :*** **Musée de la Chaussure** – ***Hauterives :*** **Palais Idéal** – ***La Côte-St-André :*** **Musée Hector-Berlioz**

Et si on prenait le temps !

Grenoble est une ville jeune et animée où l'on trouvera nombre de prétextes pour s'attarder : les admirateurs de l'auteur de *Le Rouge et le Noir*, par exemple, pourront marcher sur les traces de Stendhal en visitant sa maison et son musée, mais aussi au café de la Table Ronde qu'il fréquentait ; le musée de la Résistance et de la Déportation préparera à la découverte du Vercors, quant au musée de Grenoble, sa section d'art moderne et contemporain est une des plus remarquables de France (les amateurs ne manqueront pas, s'ils le peuvent, de visiter une exposition d'art contemporain au Magasin, bâtiment industriel né aux ateliers d'un certain Eiffel). Plus au Sud, on prendra le temps d'explorer en détail le Vercors par l'une ou l'autre des nombreuses routes qui entaillent cette forteresse naturelle : l'itinéraire proposé vous permet, certes, d'apercevoir bon nombre de sites majeurs du massif, mais les variantes (à pied sur les GR, par exemple, pour des randonnées d'une demi-journée, du col des Escondus depuis les Roussets ou d'une journée au Grand Veymont, mais vous aurez soin d'évaluer la difficulté des parcours que vous projetez, de vous munir de topo-guides et d'emporter tout le matériel nécessaire !) pourront vous faire découvrir la route des Écouges, celle du col de Rousset, au Sud, ou encore celle, superbe, du col de la Bataille et de Léoncel avant d'atteindre la paisible cité de Romans où vous pourrez reconstituer vos forces avec des « pognes » à la fleur d'oranger après quelques « ravioles » du cru.

les «Plus»

DÉCOUVERTE

Au Nord de Voiron, le lac de Paladru avec ses sites archéologiques (un musée présente le résultat des fouilles) et, aux alentours, de nombreuses possibilités de promenades, avec, en particulier, le château de Virieu. Ou bien, près de Romans, Mours-St-Eusèbe avec son musée d'Art sacré. ou encore, aux portes de Grenoble, la réserve naturelle du Luitel.

Nulle part ailleurs...

L'insolite, étrange et délirant « Palais idéal » que le facteur d'Hauterives, Ferdinand Cheval, édifia dans son jardin à l'aide des cailloux qu'il rapportait de ses tournées : il fallut plus de 30 ans au postier inspiré pour réaliser cette œuvre inclassable et fantastique, dont le côté onirique fascine nombre de visiteurs.

Ce circuit, praticable à la belle saison, relie les plus célèbres cols des Alpes françaises dans un cadre de haute montagne où chaque sévère montée est récompensée de magnifiques panoramas ; de ravissants villages, ayant conservé tout leur caractère montagnard, ponctuent le tracé.

La route des grands cols ALPINS

60

483 km – Durée 3 jours
Ville de départ suggérée : Grenoble

Renseignements de dernière minute

Arrivée :

Depuis le Sud, on quittera l'autoroute A7 à Valence pour rejoindre Grenoble par l'A49 ; depuis le Nord, on arrivera par Lyon (en voiture, en TGV ou en avion) et l'on descendra sur Grenoble par l'autoroute A43 ; puis l'A48, à moins qu'on ne décide d'attaquer le circuit à Chambéry (dans ce cas, on restera sur l'A43).

Pour circuler : carte n° 89

Pour visiter : Guide Vert Alpes du Nord

Où séjourner ? Albertville, Bourg-St-Maurice, St-Jean-de-Maurienne, St-Pierre-de-Chartreuse, Bonneval-sur-Arc

Les points forts du circuit

Grenoble : **Musée de Grenoble** – ***Vizille :*** **Château** – ***Col du Lautaret :*** – ***Col du Galibier :*** – ***Col du Télégraphe :*** – ***Col et lac du Mont-Cenis :*** – ***Bessans :*** **Église et chapelle** – ***Bonneval-sur-Arc :*** – ***Route de l'Iseran :*** – ***Val d'Isère :*** – ***Chambéry :*** **Vieille ville** – ***Massif de la Chartreuse :*** **Col du Granier** – ***Charmant Som :***

Et si on prenait le temps !

... On pourrait consacrer des semaines à explorer ces paysages magnifiques sans jamais s'en lasser ! Et, malgré la longueur de l'itinéraire et une route pas toujours facile, on aura bien du mal à résister aux différentes tentations : celle de la corniche du Drac, au Sud de Vizille, avec la merveille de la Pierre Percée et la tentation supplémentaire qu'est le chemin de fer de la Mure ; on pourrait en profiter pour revenir par la Route de Napoléon et piquer une tête dans le lac de Laffrey ; ou encore, découvrir le Valbonnais de la Mure à la route de Valsenestre et parcourir à pied, depuis Le Désert-en-Valjouffrey, la haute vallée de la Bonne sur un sentier sans difficultés. Plus loin, après Bourg-d'Oisans, plusieurs possibilités s'offrent de découvrir l'Oisans jusqu'à la Bérarde : découverte pédestre du lac de Lauvitel et, depuis la Bérarde, nombreuses randonnées possibles, pour peu qu'on soit un peu entraînés. Plus tard, ce sera le splendide massif de la Vanoise qui nous attirera, avec ses innombrables sentiers de difficultés très diverses – et variables en fonction de la saison ! On pourra y accéder depuis les multiples stations de sports d'hiver mais ce sera sans doute à partir de Moûtiers, en empruntant la D915 jusqu'à Pralognan qu'on pourra s'enfoncer le plus profondément dans le parc en voiture. Mais l'on se laissera sans doute tenter également par la vallée de Belleville avec ses villages, ses stations (les Ménuires, Val-Thorens) et la cime de Caron où l'on accédera en télécabine afin de découvrir un panorama grandiose.

les **«Plus»**

DÉCOUVERTE

Au cœur de l'itinéraire, cela sera emprunter, entre les gorges de la Lignarre et Bourg-d'Oisans la D526 sur votre gauche et de retrouver le circuit à la Léchère, après avoir suivi la route du Glandon, puis celle de la Madeleine ; ou bien, au départ de Grenoble, effectuer un circuit dans le Grésivaudan sur les pas du chevalier Bayard et rentrer par le massif de Chamrousse et Uriage-les-Bains.

Nulle part ailleurs...

Le parc de la Vanoise, premier parc national français, avec ses 500 km de sentiers balisés et ses 35 refuges : mais l'affluence est telle pour rencontrer la flore exceptionnelle du parc et une faune remarquable où abondent bouquetins et chamois et où les marmottes ne se comptent plus qu'il faut réserver à l'avance ses nuits dans les refuges.

Dans chaque vallée et hauteur des Alpes du Sud, Vauban, tirant partie de ces situations stratégiques, a laissé des témoignages exceptionnels de l'architecture militaire du Grand Siècle, que ses successeurs renforcèrent et développèrent. De la vallée de Briançon à la Haute-Ubaye, cet itinéraire vous en présente un étonnant panorama.

Les forteresses de VAUBAN

61

282 km – Durée 2 jours
Ville de départ suggérée : Briançon

Renseignements de dernière minute

Arrivée :

On atteindra Briançon par Grenoble et la N91 (route de l'Alpe-d'Huez et des Deux-Alpes) ; si l'on vient du Sud, on pourra prendre à Aix l'autoroute A51 (direction Sisteron) et la quitter aux Mées pour, par Digne, commencer notre itinéraire à Seynes.

Pour circuler : cartes n°s 77, 81

Pour visiter : Guide Vert Alpes du Sud

Où séjourner ? Barcelonnette, Guillestre

Les points forts du circuit

Briançon : Ville haute Fort des Salettes – ***Col de l'Izoard :*** Casse déserte – ***Château-Queyras :*** Fort Queyras – ***St-Véran :*** Combe du Queyras Réserve naturelle du val d'Escreins – ***Fort de Tournoux :*** – ***Barcelonnette :*** Villas « mexicaines » – ***Seyne-les-Alpes :*** Citadelle – ***Barrage et lac de Serre-Ponçon :*** – ***Demoiselles coiffées de Pontis :*** – ***Embrun :*** Cathédrale

Et si on prenait le temps !

Peut-être pourra-t-on commencer par prendre celui de monter à la découverte de la ville haute de Briançon en prenant le téléphérique du Prorel... et pourquoi pas redescendre en ville par un sentier balisé. Voila qui mettra en forme et, sans doute, creusera les appétits avant l'ascension de l'Izoard avec son impressionnante Casse Déserte qui nous ouvrira les portes du Queyras. Si l'on ne doit pas manquer St-Véran, la plus haute commune d'Europe, fameuse pour son artisanat du bois, son habitat traditionnel et point de départ de randonnées, il serait dommage de négliger le Haut-Queyras dans la vallée du Guil, avec le charmant village d'Aiguilles (agréables promenades sous les mélèzes) et ses demeures « américaines » édifiées pour des habitants du lieu qui avaient émigré outre-atlantique : ne manquez pas la plus étonnante d'entre elles, dite « Maison Eiffel » car entièrement en métal ! Plus loin, de la petite station (de ski de fond et de randonnées) d'Abriès, vous pourrez agréablement découvrir, à pied ou en voiture, les hameaux de Valpreveyre et, tout au fond de la vallée, plus sportivement, les belvédères du mont Viso. Mais le temps presse sans doute, surtout si vous avez décidé de parcourir quelques-uns des 37 km de sentiers balisés de la réserve naturelle de val d'Escreins. À Barcelonnette, le musée de la Vallée (installé dans une des plus luxueuses villas « mexicaines ») vous renseignera sur l'épopée des « Barcelonnettes », de même que la visite du cimetière où ces émigrants enrichis portèrent l'art funéraire à un degré de variété peu commun !

les « **Plus** »

DÉCOUVERTE

Dans la partie Nord de l'itinéraire, la vallée de la Clarée avec le col de Granon ou la Vallouise ; au Sud-Est, la haute vallée de la Tinée jusqu'aux gorges de la Mescla ; ou bien la haute vallée du Var qu'on pourra suivre dans les gorges de Daluis avant de remonter sur Barcelonnette par le col d'Allos ; au Sud de Seyne, la vallée du Vès jusqu'à Digne et, pourquoi pas, le grand canyon du Verdon !

Nulle part ailleurs...

Qu'est-ce qui poussa les gens de l'Ubaye vers le Nouveau Monde au milieu du XIXe s. ? La misère et la réussite de quelques pionniers, partis en 1805 en Louisiane, puis à Mexico. Ce fut une véritable ruée et plus de cent magasins mexicains de tissus étaient tenus à la fin du XIXe s. par des émigrés venus de Barcelonnette. Cette épopée a pris fin depuis, mais a laissé d'étonnantes traces dans l'architecture locale, de même que celle, moins connue, des Aiguillons.

Entre la montagne et la mer, entre Rhône et Roussillon, s'est un véritable océan de vignes, sur lequel nous vous invitons à naviguer parmi les cités chargées d'histoire.

Autour du vignoble LANGUEDOCIEN

62

337 km – Durée 3 jours
Ville de départ suggérée : Montpelliers

Renseignements de dernière minute

Arrivée :

Par l'autoroute A7 Lyon-Narbonne qui, au Sud, relie directement Montpellier à Toulouse et Bayonne. En provenance du Sud-Est, par autoroute et voie rapide jusqu'à Arles où l'A54 vous permettra de rejoindre l'A7 à Nîmes.

En gare de Montpellier, par TGV, en provenance de Lille, Partis ou Genève ou par train rapide. En avion à l'aéroport de Montpellier-Fréjorgues.

Pour circuler : carte n° 83

Pour visiter : Guides Verts Languedoc - Gorges du Tarn-Cévennes et Pyrénées-Roussillon

Où séjourner ? Cap d'Agde, Narbonne, Lamalou-les-Bains

Les points forts du circuit

Montpellier : **Le Vieux Montpellier Musée Fabre Promenade du Peyrou Quartier Antigone** – ***Sète :*** **Le mont St-Clair** – ***Cap d'Agde :*** **Musée de l'Éphèbe** – ***Béziers :*** **Ancienne cathédrale St-Nazaire Musée St-Jacques** – ***Oppidum d'Ensérune :*** – ***Narbonne :*** **Cathédrale St-Just Palais des Archevêques** – ***Minerve :*** – ***Gorges d'Héric :*** – ***Lamalou-les-Bains :*** **St-Pierre-de-Rhèdes** – ***Pézenas :*** **Le Vieux Pézenas** – ***Valmagne :*** **Abbaye**

Et si on prenait le temps !

Dans ce Bas-Languedoc baigné d'une lumière crue, violente et douce à la fois (que révèlent les œuvres de Bazille au musée Fabre), on pourrait tracer plusieurs circuits thématiques. Mais quel fil conducteur choisir ? Les plaisirs de la table ? Entre tielles, rouille, macaronade sétoises, petits pâtés de Pézenas, huîtres de Bouzigues, où donner de la tête ? Les vins ? Du muscat de Frontignan, au Picpoul de Pinet et aux producteurs de Faugères, Saint-Chinian et autres lieux, il est sans doute plus prudent, sinon de s'abstenir, du moins de prendre les eaux à Lamalou ! L'Antiquité ? L'Éphèbe d'Agde, l'oppidum d'Ensérune, les peintures romaines de Narbonne, voilà un aperçu des vestiges laissés sur cette terre de passage. Le Moyen-Âge ? De la cathédrale de Béziers à celle de Narbonne, de Minerve la Cathare à l'église de St-Pierre de Rhèdes et à l'abbaye de Valmagne, vous n'aurez que l'embarras du choix ! L'âge classique ? Les hôtels du vieux Montpellier et les ruelles de Pézenas en multiplient les exemples. Aujourd'hui ? Antigone, l'étonnant pastiche de Bofill peut en donner une idée. La littérature ? Molière, Valéry, Delteil ont imprégné cette terre. Et que dire de Brassens, Trénet ou Bobby Lapointe qui en sont issus ? Pourquoi pas la randonnée ? Dans les gorges du Minervois qu'enjambent d'impressionnants ponts naturels ou celles d'Héric où la varappe séduira les plus audacieux… les autres se limitant à la baignade. Le soleil ? Le Cap d'Agde rassemble ses sectateurs. Bref, que choisir ? Sinon de revenir pour mieux connaître cette région attachante et authentique !

les « **Plus** »

DÉCOUVERTE

Si le petit train qu'immortalisa Dubout ne dessert plus, hélas, la station de Palavas, celle-ci a consacré un musée au fameux dessinateur. Et un chemin de terre vous permettra d'aller à pied parmi les étangs découvrir l'ancienne cathédrale de Maguelonne.

Nulle part ailleurs...

Les joutes mettent aux prises les gros bras des ports de la région. Spectacle coloré où les chevaliers de la « tintaine », armés de lances et protégés par un bouclier, cherchent à se déséquilibrer : le perdant tombe à l'eau et le vainqueur affronte un autre adversaire. Le mondial de la spécialité ? les fêtes de la St-Louis à Sète où les meilleurs s'affrontent sur le grand canal dans une ambiance passionnée.

De Marseille à Vaison-la-Romaine et à Arles, une multitude de sites évoquent l'Antiquité où les Romains succédèrent aux Grecs, érigeant partout de sublimes monuments dont les précieux vestiges sont parvenus jusqu'à nous. Ils témoignent d'un art de vivre très élaboré et d'une activité économique florissante.

LA PROVENCE
antique
63

270 km – Durée 3 jours
Ville de départ suggérée : Carpentras

Renseignements de dernière minute

Arrivée :

Carpentras est située à quelques encablures de l'autoroute A1 que vous pourrez quitter à Orange. L'aéroport le plus proche est celui d'Avignon. Mais, si vous venez du Sud-Ouest, vous aurez tout intérêt à commencer votre itinéraire par Nîmes ; ou, au choix par les Baux ou Arles, si vous arrivez par Marseille.

Pour circuler : carte n° 246

Pour visiter : Guide Vert Provence

Où séjourner ? Nîmes, Arles, Saint-Rémy-de-Provence

Les points forts du circuit

Carpentras : **Arc de triomphe – *Mont Ventoux :* – *Vaison-la-Romaine :* Ruines romaines – *Orange :* Théâtre antique Arc de triomphe – *Pont du Gard :* – *Nîmes :* Arènes Maison Carrée – *Arles :* Arènes Théâtre antique Église St-Trophime Palais Constantin Alyscamps Cryptoportiques Musée de l'Arles antique – *Montmajour :* Abbaye – *St-Rémy-de-Provence :* Les Antiques Glanum – *Les Baux-de-Provence :***

Et si on prenait le temps !

Ici, Rome est toujours présente : arcs commémoratifs, de Carpentras ou des Antiques de Saint-Rémy ; ruines de cités, à Vaison ou Glanum que ses habitants durent abandonner sous la pression des barbares ; théâtres, à Orange (où se donnent les fameuses Chorégies) ou Arles ; amphithéâtres, avec les arènes de Nîmes et d'Arles qui offrent un spectacle merveilleux lorsqu'elles sont emplies d'une foule colorée les jours de corridas ; la mélancolique nécropole des Alyscamps où il fut de bon ton de se faire inhumer jusqu'au XIIIe siècle ; les mystérieux cryptoportiques arlésiens (substructure du forum ou grenier à blé ?) qui s'étendent sous la ville ; temples, avec la Maison Carrée nîmoise, miracle d'équilibre et d'harmonie ; ouvrages d'art comme le majestueux pont du Gard, traversant le Gardon dans un paysage admirable. Vous souhaitez en savoir plus ? Une visite du musée de l'Arles Antique sera alors indispensable. Les plus passionnés arpenteront ces cités à la recherche d'autres vestiges, moins évidents : traces de remparts, fondations de maisons, thermes, voies, colonnes et portiques inclus dans des constructions récentes qui font le désespoir des promoteurs immobiliers locaux ! Et, chemin faisant, vous ne manquerez pas l'ascension du majestueux Ventoux, de vous arrêter à Montmajour, d'admirer le sublime portail de St-Trophime d'Arles, sans pour autant négliger le cloître, ou tout simplement de prendre le temps de vivre sous la lumineuse caresse du soleil.

les « Plus »

DÉCOUVERTE

Les tronçons de l'aqueduc romain qui amenait les eaux sur plus de 50 km, du pont du Gard au Castellum de Nîmes peuvent être découverts en suivant des sentiers à travers la garrigue... à moins que vous ne préfériez découvrir les gorges du Gardon et le pont du Gard en louant un canoé à Collias. Mais attention aux remous !

Nulle part ailleurs...

Les deux cités romaines de Nîmes et Arles deviennent espagnoles pour leurs fameuses ferias : grandes corridas aux arènes, flamenco, taureaux dans les rues et multiples bodegas, où l'on consomme sans modération des vins de Jérez accompagnés de tapas, en débattant interminablement dans un sabir hispano-provençal des mérites de tel ou tel torero.

Cette terre où le ciel, la terre et l'eau se confondent, tandis que manades de taureaux noirs aux cornes en lyre, flanqués de hérons, garde-bœufs et de chevaux paissent autour des cabanes de gardian au toit de sagnes – a su préserver l'extraordinaire richesse de sa faune et de sa flore, et ses traditions hors du commun, que gardians et manadiers s'ingénient à préserver.

Circuit CAMARGUAIS

64

160 km – Durée 2 jours
Ville de départ suggérée : Arles

Renseignements de dernière minute

Arrivée :

Par l'autoroute A7, si vous venez du Nord sortir à Avignon-Sud et rejoindre Arles par la N570 ; si vous venez du Sud, prendre à Salon l'A54 qui rejoint aux portes d'Arles la voie rapide N113. Si vous venez du Sud-Ouest, prendre l'autoroute A9 jusqu'à Nîmes puis l'A54 Nîmes-Arles. En gare d'Arles, par TGV, ou par train rapide. En avion à l'aéroport de Nîmes-Garons situé à 29 km d'Arles en bordure de l'A54.

Pour circuler : carte n° 245.

Pour visiter : Guide Vert Provence

Où séjourner ? Arles, St-Gilles et les Stes-Maries-de-la-Mer

Les points forts du circuit

Arles : **Arènes – Théâtre antique – Museon Arlaten –** ***Musée camarguais :*** **–** ***St-Gilles :*** **Église –** ***St-Gilles :*** **Écluse –** ***Ginès :*** **Centre d'information – Parc ornithologique du Pont de Gau – Musée de Cire –** ***Stes-Maries-de-la-Mer :*** **Église –** ***Méjanes :*** **–** ***Réserve nationale de Camargue (la Capelière) :*** **–** ***Salin-de-Badon :*** **–** ***Domaine de la Palissade :*** **–** ***Plage du Piémanson :*** **–** ***Musée du Riz :***

Et si on prenait le temps !

Délicieusement suranné, le Museon Arlaten d'Arles avec ses collections réunies par Mistral vous donnera quelques clés pour découvrir cette terre secrète et, après une halte à la Major, sanctuaire de la Nacioun Gardiano, et aux arènes, temple de la course camarguaise, le détour à St-Gilles que justifie le tympan roman de l'abbatiale, vous fera traverser une zone de riziculture jusqu'au pont de Sylvéréal... à moins que vous n'empruntiez le Bac du Sauvage. Vous découvrirez alors des paysages typiquement camarguais. Une halte au Parc ornithologique de Pont de Gau s'impose, avant les Stes-Maries-de-la-Mer que domine la silhouette de l'église fortifiée d'où la vue est magnifique. Ce sera le point de départ de randonnées à cheval, à pied ou en VTT, idéales pour approcher la Camargue : par la digue à la Mer, le long d'une plage immense, ou sur des pistes autour du Vaccarès. En bordure de celui-ci, dans le domaine de la Capelière, des sentiers pédestres aménagés vous permettront de rencontrer hérons et ragondins. Du salin de Badon, des pistes (à n'emprunter que par temps sec !) mènent à l'îlot du Fangassier, seul lieu de nidification en France du flamant rose. Non loin, Salin-de-Giraud semble ici incongrue : son café présente un curieux contraste entre un cadre flamand et une ambiance qui doit tout à Pagnol ! De là, après avoir franchi les salines, vous pourrez découvrir à pied les paysages de la Basse-Camargue dans le domaine de la Palissade avant d'aboutir à la plage de Piémanson.

les « **Plus** »

DÉCOUVERTE

Aigues-Mortes, ses remparts, ses canaux et les salins du Midi. Le Grau-du-Roi, port de pêche avec les immenses plages de la pointe de l'Espiguette. Un zeste d'aventure ? Beauduc, village de planches et de tôles au bout du monde, qui s'anime aux beaux jours : y déguster un loup grillé au fenouil par une soirée d'été peut être un grand moment.

Nulle part ailleurs...

La bouvine, ou tout ce qui concerne les jeux avec les taureaux. Si vous le pouvez, assistez à une course camarguaise : dans les arènes d'Arles, aux Stes-Maries ou au cours des fêtes votives de Petite-Camargue, d'autant qu'elles sont souvent accompagnées d'abrivados, lâchers de taureaux encadrés par les gardiens.

La douceur du climat, la quiétude des paysages et l'extraordinaire lumière ont de tout temps attiré en Provence peintres et poètes. La richesse des musées et le souvenir encore vivant d'artistes du terroir attirera les amateurs d'art qui n'hésiteront pas à marcher sur leurs traces.

Chemin des écrivains et des peintres en PROVENCE

65

297 km – Durée 3 jours – Ville de départ suggérée : Marseille

Renseignements de dernière minute

Arrivée :

À moins d'arriver en TGV à Marseille St-Charles ou en avion à Marignane, ou encore en voiture de la Côte d'Azur, vous aurez sans doute intérêt à commencer votre périple par Avignon, d'autant que de nombreux TGV s'y arrêtent et que vous pouvez faire voyager votre voiture par le fer jusqu'à la gare d'Avignon-St-Chamand.

Pour circuler : carte n° 245

Pour visiter : Guides Verts Provence et Alpes du Sud

Où séjourner ? Aix, Avignon, Arles

Les points forts du circuit

Marseille : **La Canebière Le Vieux Port Musée Cantini L'Estaque Chateau d'If –** ***Aubagne :*** **Souvenir de Marcel Pagnol –** ***La Treille :*** **–** ***Aix-en-Provence :*** **Le Vieil Aix Musée Granet Fondation Vasarely Atelier Paul-Cézanne –** ***Montagne Ste-Victoire :*** **–** ***Manosque :*** **Fondation Carzou Centre Jean-Giono –** ***Gordes :*** **–** ***Abbaye de Sénanque :*** **–** ***Fontaine de Vaucluse :*** **Musée Pétrarque –** ***Avignon :*** **Palais des Papes Musée Calvet Fondation Angladon-Dubrujeaud Petit Palais Pont St-Bénézet Remparts –** ***Villeneuve-les-Avignon :*** **–** ***Maillane :*** **Museon Mistral –** ***Tarascon :*** **Château Musée Souleïado Maison de Tartarin –** ***Les Baux-de-Provence :*** **Musée Yves-Brayer –** ***Fontvieille :*** **Moulin de Daudet –** ***Arles :*** **Museon Arlaten Musée Réattu Fondation Van Gogh**

Et si on prenait le temps !

De Pétrarque qui pleure toujours sa Laure à Fontaine-de-Vaucluse à Pagnol (avec le Garlaban mais aussi le « ferry-boite » qui traverse le Vieux Port de Marseille), de Zola qui dépeignit Aix sous le nom de Plassans, à Daudet qu'immortalisa Tartarin, des troubadours médiévaux à Mistral qui, avec ses amis du Félibrige, dont l'avignonnais Roumanille, réhabilita le provençal, de Jean Giono qui évoque la Manosque de son enfance à Jean-Claude Izzo qui, de nos jours, utilise la forme du roman noir pour décrire Marseille, les écrivains inspirés par la Provence ne manquent pas et ce circuit vous permettra de découvrir les lieux qui les ont inspirés. Mais la Provence est avant tout cette lumière que les peintres ont longuement interrogée : Cézanne, en premier lieu, avec la Ste-Victoire, mais aussi l'Estaque (où de nombreux artistes tels Renoir, Derain, Braque ou Dufy allaient planter leur chevalet) ; Van Gogh, bien sûr, présent en Arles où l'ancien hôtel-Dieu a été reconstitué tel qu'il était sur la toile qu'il peignit, tandis qu'une fondation rassemble des œuvres contemporaines réalisées en hommage à l'artiste ; Picasso qui créa à Sorgues, fut un habitué d'Arles et de ses ferias (musée Réattu), et vécut à Vauvenargues, aux portes d'Aix (où il est enterré) ; Vasarely, le pape de l'art cinétique (avec sa fondation aixoise), Brayer au Baux, Carzou à Manosque... et bien d'autres encore ! Et ce n'est pas sans émotion que l'on découvrira ces paysages et ces villages perchés qui sont, en eux-mêmes, de véritables œuvres d'art.

> les « **Plus** »
>
> **DÉCOUVERTE**
>
> **Martigues, la « Venise provençale » a dédié un musée à Félix Ziem, qui fut l'un des premiers peintres à s'intéresser à l'Estaque. Vous pourrez y découvrir les œuvres de peintres provençaux peu connus mais non dénués de talent, comme Guigou, Monticelli ou Seyssaud.**

Nulle part ailleurs...

Les Noëls provençaux, avec le blé de Noël, semé le 4 décembre, les messes de minuit en provençal (aux Baux ou en Arles), où les bergers viennent offrir l'agneau et, bien sûr les crèches peuplées de santons représentant les habitants typiques du village provençal : vous pourrez vous en procurer à Aubagne ou à Marseille où les santonniers se réunissent sur la Canebière durant tout le mois de décembre.

Entre Var et Roya, ce sont d'étonnantes richesses artistiques que vous allez découvrir : villages posés à l'aplomb de gorges sauvages et, au détour des chemins muletiers, humbles chapelles votives ornées de somptueux retables et illuminées de magnifiques fresques médiévales ; aux artistes itinérants, auteurs de ces chefs-d'œuvre, ont succédé des créateurs modernes, séduits par la lumière de la Riviera.

Villages perchés et chapelles peintes de

L'ARRIÈRE-PAYS NIÇOIS

66

315 km – Durée 2/3 jours – Ville de départ suggérée : Nice

Renseignements de dernière minute

Arrivée :

On atteindra Nice en avion ! Si toutefois l'on décide d'utiliser son propre véhicule, il faudra prendre l'autoroute A8 que l'on quittera à Cagnes-sur-Mer (sortie 48) si l'on souhaite gagner tout de suite l'arrière-pays et St-Paul-de-Vence.

Pour circuler : carte n° 115

Pour visiter : Guide Vert Côte d'Azur

Où séjourner ? Vence, Breil-sur-Roya, Menton

Les points forts du circuit

Nice : **Promenade des Anglais Musée Marc-Chagall Musée Matisse Musée d'Art moderne et d'Art contemporain** – ***St-Paul :*** – ***Fondation Maeght :*** – ***Vence :*** **Chapelle du Rosaire (Matisse)** – ***Gorges de la Vésubie :*** – ***Utelle :*** **Madonne d'Utelle** – ***Coaraze :*** **Vieilles rues Église et chapelle peintes** – ***Lucéram :*** **Retables de l'église** – ***Peillon :*** – ***Sospel :*** **Vieux Pont** – ***Saorge :*** – ***Chapelle N.-D.-des-Fontaines :*** **Fresques** – ***Menton :*** **Vieille ville Bord de mer** – ***La Turbie :*** **Trophée des Alpes Église St-Michel-Archange** – ***Èze :*** **Vieilles rues**

Et si on prenait le temps !

Dès Cagnes, on se lancera dans la montagne, mais pourquoi ne pas faire le détour par Villeneuve-Loubet, patrie du fameux cuisinier Escoffier avant de gagner, sur les hauteurs de Grasse, le beau village perché de Gourdon, peuplé aujourd'hui d'artisans d'où l'on découvrira une vue magnifique sur la côte ? À Bramafan, on prendra la route des magnifiques gorges du Loup, le village d'artistes de Tourrette, trouvant ensuite Vence, puis St-Paul et leurs nombreuses galeries, témoignages du succès de ces villages auprès des artistes. Il faut dire que l'on comprend ces derniers ! Après le Baou de St-Jeannet (les plus courageux rejoindront le sommet à pied) et Carros, on montera par la N203 jusqu'à Plan-du-Var où l'on s'engagera à droite dans les extraordinaires gorges de la Vésubie, s'arrêtant au passage à Utelle (retable), Lantosque et sans doute éprouvera-t-on la tentation de poursuivre vers Roquebillière (avec détour dans la Gordolasque) jusqu'à St-Martin qui nous donnera accès à la montagne ! Mais l'on prendra par la pittoresque Bollène-de-Vésubie pour traverser la belle forêt de Turini jusqu'au col du même nom et, à droite, vers le Sud, on parcourra les beaux villages de Peïra-Cava, Lucéram, Coaraze (sur la route du col St-Roch) ou Peillon, sans doute celui qui a le mieux conservé son caractère médiéval. Il faudra revenir à l'Escarène pour prendre la route de Sospel (à moins qu'on ne souhaite partir à la découverte de Peille par une petite route fort tortueuse) et, de là, après une échappée en direction de Tende, retrouver à Menton la douce lumière du rivage.

les «Plus»

DÉCOUVERTE

À l'Ouest de Cagnes-sur-Mer, Biot, avec le musée Fernand-Léger mais aussi son verre soufflé à bulles. Non loin, Picasso est présent à Antibes (château Grimaldi) et à Vallauris, et Cocteau, dans la chapelle St-Pierre de Villefranche. Les fragrances des parfums attireront d'aucuns à Grasse, tandis que randonneurs et préhistoriens se lanceront à la découverte de la vallée des Merveilles, océanographes et joueurs à Monaco. Quant aux adeptes de la baignade, ils n'auront que l'embarras du choix !

Nulle part ailleurs...

À côté de la pissaladière, du mesclun, de la salade niçoise et du pan bagnat bien connus, la gastronomie nissarde propose d'autres spécialités qu'il vaut la peine d'essayer : citons la socca dégustée sur le pouce, la poutina (marinade d'alevins), la porchetta (cochon de lait farci), les barbajouan (beignet farci) ou encore l'estoficada.

Derrière l'animation de sa façade maritime dont les stations forment le carrefour estival de l'Europe, les espaces montagneux sauvegardés des Maures et de l'Esterel offrent à l'étonnement du visiteur un mode de vie et un artisanat préservés.

Stations célèbres et villages tranquilles des

MAURES ET DE L'ESTEREL

67

310 km – Durée 3 jours – Ville de départ suggérée : Cannes

Renseignements de dernière minute

Arrivée :

Vous pourrez rejoindre le circuit à Bormes-les-Mimosas en venant de Marseille, par Aubagne et Toulon ; ou bien, si vous arrivez par l'autoroute A8, sortir à Roquebrune-sur-Argens… ou à Cannes, bien sûr !

Pour circuler : carte n° 114

Pour visiter : Guide Vert Côte d'Azur

Où séjourner ? Le Lavandou, Fréjus, Cannes, St-Tropez

Les points forts du circuit

Cannes : **La Croisette** – ***Massif du Tanneron :*** – ***Les Adrets :*** **Vue sur le mont Vinaigre** – ***Fréjus :*** **Groupe épiscopal** **Ville romaine** – ***Roquebrune-sur-Argens :*** **Rocher de Roquebrune** – ***La Garde-Freinet :*** **Massif des Maures** – ***Grimaud :*** – ***Cogolin :*** **Artisanat** **Espace Raimu** – ***Collobrières :*** **Artisanat** – ***Bormes-les-Mimosa :*** – ***Le Lavandou :*** – ***Cavalaire :*** **Domaine du Rayol** – ***Ramatuelle :*** **Souvenir de Gérard Philippe** – ***St-Tropez :*** **Vieux port** – ***Ste-Maxime :*** – ***St-Raphaël :*** – ***Sémaphore du Dramont :*** **Rochers de porphyre** – ***Rocher de St-Barthélémy :*** – ***La Napoule :***

Et si on prenait le temps !

Tout ici, la caresse du soleil, les senteurs des herbes, le chant des cigales incite à la flânerie. Alors, pourquoi ne pas en profiter, surtout si vous avez la chance de venir hors des grandes périodes d'affluence qui ne permettent guère de profiter pleinement des merveilleuses cités du littoral : St-Tropez, par exemple, qui gagne à être connue et dont on comprend, – en parcourant les ruelles, ou en s'arrêtant sur le Vieux Port pour déguster quelques oursins – pourquoi tant de célébrités ont choisi d'y établir leurs pénates. Et que dire du merveilleux domaine du Rayol, dominant la mer et ses silaques, où il fait bon se promener parmi les essences exotiques dans un paysage superbe, rare vestige de ce que fut le rivage avant l'expansion du tourisme ? Bien entendu, si le temps le permet (il le permet souvent), une baignade sera la bienvenue. Mais peut-être faut-il délaisser un peu le rivage pour s'enfoncer plus profondément dans le massif des Maures ? On s'arrêtera, après une promenade sous les cyprès, eucalyptus et cèdres de l'arboretum de Gratteloup à Collobrières où les gourmands feront provision de marrons glacés et de confitures de châtaignes ou bien, plus loin, à Cogolin, rendre hommage à l'immortel *César* de Pagnol, le grand Raimu, et, pourquoi pas, acheter une pipe de bruyère ou des tissus de Cogolin ; on se posera à Grimaud, sur une terrasse ombragée pour boire une boisson fraîche avant de parcourir les ruelles et de faire son choix chez les artisans d'art qui s'y sont installés en nombre ; ou bien l'on promènera dans le massif du Tanneron, parmi les mimosas qui, si l'on est venu en hiver, l'illumineront d'un jaune éclatant. Ce sera l'occasion de découvrir le très pittoresque village d'Auribeau-sur-Siagne, avec ses ruelles en escalier qu'il faut savoir prendre le temps d'explorer.

> *les* « **Plus** »
>
> **DÉCOUVERTE**
>
> Depuis Cavalaire, le Lavandou ou la Croix-Valmer, des vedettes vous conduiront en une heure environ aux fameuses îles d'Hyères (ou îles d'Or) : Porquerolles, avec son parc domanial forestier et son conservatoire botanique, Port-Cros et ses sentiers balisés (dont le fameux sentier sous-marin que l'on pourra parcourir à la nage) et l'île du Levant paradis des naturistes.

Nulle part ailleurs...

Gonfaron, le village des ânes qui volent, possède d'autres titres de gloire : un écomusée du Liège, intéressante reconstitution des différents stades de l'industrie du bouchon et, plus inattendu, un village de tortues, centre de repeuplement de tortues des Maures, seules tortues terrestres originaires du territoire français : écloserie, nurserie, terrarium, clinique de soin - tout, absolument tout pour les tortues.

Témoins d'une histoire mouvementée, la succession de citadelles, la guirlande de tours génoises ourlant le littoral et la richesse des musées perpétuent la mémoire des héros qui ont façonné le destin de l'île de Beauté.

Les hauts lieux de l'histoire

CORSE

68

558 km – Durée 4 jours
Ville de départ suggérée : Corte

Renseignements de dernière minute

Arrivée :

En ferry, avec ou sans sa voiture, depuis Marseille ou Nice (et Toulon en saison) vers Ajaccio ou Bastia ou, mais sans son véhicule, par le NGV (navire à grande vitesse) qui met – lorsque la mer est calme – Bastia à 3 h 30 seulement de Nice ; en avion, à Ajaccio ou Bastia depuis Paris, Marseille et Nice... et d'autres grandes villes à la belle saison ; bien entendu, on attaquera l'itinéraire selon notre point d'arrivée sur l'île de Beauté.

Pour circuler : carte n° 90

Pour visiter : Guide Vert Corse

Où séjourner ? Propriano, Solenzara, Bastia, Corte, Zonza

Les points forts du circuit

Corte : **Citadelle** – ***Forêt de Vizzavona :*** – ***Ajaccio :*** **Maison Bonaparte** **Musée Fesch** – ***Filitosa :*** **Station préhistorique** – ***Sartène :*** **Musée de la Préhistoire corse** – ***Sites de Cucuruzzu et Capula :*** – ***Levie :*** **Musée de l'Altarocca** – ***Col et aiguilles de Bavella :*** – ***Aléria :*** **Musée Jerôme-Carcopino – les fouilles** – ***Vallée d'Alesani :*** – ***Carcheto :*** – ***Orezza :*** – ***La Porta :*** – ***Morosaglia :*** **Maison natale de Pascal Paoli** – ***Ponte Nuovo :*** – ***La Canonica :*** **Cathédrale** **Église San Parteo** – ***Bastia :*** **Vieux Port** **Musée d'Ethnographie corse** – ***Patrimonio :*** **Église** **Nativu** – ***San Michele de Murato :***

Et si on prenait le temps !

Pascal Paoli, le cardinal Fesch, Pozzo di Borgo (le plus Russe des Corses) et bien sûr les Bonaparte, tous ces personnages emblématiques sont présents au long de cet itinéraire, ainsi que les héros anonymes qui, de la Préhistoire à la Résistance ont fait l'histoire corse. Mais l'on pourra alterner la découverte des lieux où ils s'illustrèrent avec celle du cadre naturel. Ainsi, on pourra, depuis Corte, s'enfoncer dans les gorges de la Restonica, en voiture ou par le sentier balisé conduisant de Corte aux bergeries de Grotelle. La haute vallée permettra de découvrir les beaux lacs d'altitude de Melo et de Capitello. Plus au Sud, la forêt de Vizzavona, refuge du pin laricio sera le cadre de bien des randonnées : les plus sportifs (surtout s'ils ont de bonnes notions d'alpinisme) s'attaqueront au Monte d'Oro, mais d'autres promenades (aux cascades des Anglais ou au col de Palmente, ou encore dans le torrent de l'Agnone) ne nécessitent pas un entraînement poussé. Depuis Sartène, les férus de Préhistoire iront découvrir les mégalithes de Cauria, l'alignement de Palaggiu et pousseront jusqu'aux criques de Tizzano, mais l'on pourra aussi aller visiter le domaine de Roccapina, réserve d'oiseaux aquatiques. Sur la côte Est, avant Ghisonaccia, le Fiumorbo, région de résistance, mérite également un crochet jusqu'à Prunelli d'où le panorama est remarquable ; et, au Nord de la Castagniccia, la terre des châtaigniers, la fertile Casinca avec des villages pittoresques tels que Loreto ou Penta ne sera pas à négliger.

les « Plus »

DÉCOUVERTE

Au Nord de Bastia, pourquoi ne pas faire le tour du merveilleux Cap Corse par la route de corniche ? Des paysages de toute beauté, de nombreuses tours gênoises, une mer bien tentatrice, de multiples restaurants de poissons, le charme d'Erbalunga, le sentier du littoral entre Macinaggio et Centuri ou le sentier des douaniers à Barcaggio, ce ne sont que quelques-uns des attraits de ce cap rocheux dont l'intérieur mérite également d'être parcouru.

Nulle part ailleurs...

Grâce au succès de groupes comme I Muvrini, la Corse retrouve son patrimoine musical traditionnel, influencé à la fois par la musique arabe et le chant grégorien, et en particulier ses chants polyphoniques a capella comme la paghjella avec ses trois voix, la siconda, la bassu et la terzu.

Les arêtes de la longue échine montagneuse de l'île de Beauté communiquent avec la mer par de somptueuses plages, de vertigineuses aiguilles de porphyre, de fantasmagoriques chaos de granit ou de blanches falaises calcaires, créant des paysages sans cesse renouvelés, mais toujours beaux à couper le souffle.

Grands sites naturels de la CORSE

69

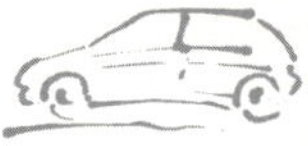

509 km – Durée 3 jours
Ville de départ suggérée : Ajaccio

Renseignements de dernière minute

Arrivée :

On pourra atteindre Ajaccio en ferry, avec ou sans sa voiture, au départ de Marseille ou Nice (et Toulon en saison) ; en avion, à Ajaccio depuis Paris, Marseille et Nice… et d'autres grandes villes à la belle saison.

Pour circuler : carte n° 90

Pour visiter : Guide Vert Corse

Où séjourner ? Porto, Porto-Vecchio, Propriano, Corte, Zonza

Les points forts du circuit

Ajaccio : **Maison Bonaparte Musée Fesch Îles Sanguinaires Golfe de Sagone** – ***Calanche de Piana :*** – ***Golfe de Porto :*** **Porto Iscandola Golfe de Girolata** – ***Gorges de Spelunca :*** – ***Forêt d'Aitone :*** **Cascades d'Aitone** – ***Défilé de la Scala Santa Regina :*** – ***Corte :*** **Citadelle** – ***Col et aiguille de Bavella :*** – ***Plages de Santa Giulia :*** ***et Palombaggia :*** – ***Bonifacio :*** **Ville haute Marine Cimetière marin Promenade en mer** – ***Sartène :*** **Vieille ville Musée de la Préhistoire corse** – ***Golfe de Valinco :*** – ***Golfe d'Ajaccio :***